항공서비스시리즈 ⑧

기내방송 1·2·3

In-flight Announcement 1·2·3

박혜정·한향숙·백유진 공저

백산출판사

항공서비스시리즈를 출간하며

글로벌시대 관광산업의 발전과 더불어 항공서비스 및 객실승무원에 대한 관심이 날로 증가됨에 따라 전문직업인을 양성하는 대학을 비롯하여 교육기관에서 관련 교육이 확대되고 있다.

저자도 객실승무원을 희망하는 전공학생을 대상으로 강의를 하면서 교과에 따른 교재들을 개발·활용해 왔으며, 이제 그 교재들을 학습의 흐름에 따라 직업이해, 직업기초, 직업실무, 면접준비 등의 네 분야로 구분·정리하여 항공서비스시리즈로 출간하게 되었다.

분야	번호	제목	내용
직업이해	1	멋진 커리어우먼 스튜어디스	직업에 대한 이해
직업기초	2	고객서비스 입문	서비스에 대한 이론지식 및 서비스맨의 기본자질 습득
	3	서비스맨의 이미지메이킹	서비스맨의 이미지메이킹 훈련
	3-1	항공체육 50선	필라테스 운동을 통한 승무원 취업을 위한 체력준비
직업실무	4	항공경영의 이해	항공운송업무 전반에 관한 실무지식
	5	항공객실업무	항공객실서비스 실무지식
	6	항공기내식음료서비스	서양식음료 및 항공기내식음료 실무지식
	7	비행안전실무	비행안전업무 실무지식
	8	기내방송 1·2·3	기내방송 훈련
면접준비	9	멋진 커리어우먼 스튜어디스 면접	승무원 면접준비를 위한 자가학습 훈련
	9-1	면접 워크북	승무원 면접준비를 위한 실전 점검 워크북
	10	English Interview for Stewardesses	승무원 면접준비를 위한 영어인터뷰 훈련

모쪼록 객실승무원을 희망하는 지원자 및 전공학생들에게 본 시리즈 도서들이 단계적으로 직업을 이해하고 취업을 준비하는 데 올바른 길잡이가 되기를 바란다. 또한 이론 및 실무지식의 습득을 통해 향후 산업체에서의 현장적응력을 높이는 데도 도움이 되기를 바란다.

아울러 항공운송산업의 환경은 지속적으로 변화·발전할 것이므로, 향후 현장에서 변화하는 내용들은 즉시 개정·보완해 나갈 것을 약속드리는 바이다.

본 항공서비스시리즈 출간에 의의를 두고, 흔쾌히 맡아주신 백산출판사 진욱상 사장님과 편집부 여러분께 깊은 감사의 말씀을 전한다.

저자 씀

PREFACE

항공기 내에서 실시되는 기내방송은 승객의 안전하고 쾌적한 항공여행의 길잡이 역할을 목적으로 함과 동시에, 승무원의 목소리를 통해 메시지를 전달하는 세심함과 친절함이 전해지는 마음을 담은 서비스라고 할 수 있다.

본서는 향후 항공기 내에서 객실승무원으로 종사하게 될 학생들을 위해 방송기법을 터득하고 연습할 수 있도록 실무감각에 맞게 구성한 기내방송 지침서이다. 승무원으로서의 자질을 갖추기 위한 항목 중 하나인 기내방송에 대한 이해를 돕고, 아울러 항공사 취업 면접에 보다 효율적으로 대비하는 데 도움이 되고자 이 책을 발간하게 되었다.

전체적으로 다음과 같이 Step 1, 2, 3로 구성하여 학습자가 방송훈련 단계에 맞추어 방송기법을 익히도록 하였다.

Step 1에서는 기내방송의 의미, 특성, 방송요령 등을 이해하도록 하였다.

Step 2에서는 기내방송을 잘하기 위한 기본요건인 음성, 발성훈련을 다루었다.

Step 3에서는 한국어와 영어 기내방송을 각 언어적 특성에 맞게 단어의 발음부터 시작하여 방송 예문을 통해 연습하도록 하였다. 특히 발음이 중요시되는 영어 기내방송의 효과적인 자가학습을 위하여 녹음파일을 참조할 수 있도록 하였다.

부록에서는 기타 다양한 기내방송 예문과 참조자료들을 추가하였다.

이 책은 항공승무원이 되고자 하는 항공관련 전공학생을 위한 기내방송 교재로 개발되었으나, 커뮤니케이션 스킬을 기르기 위한 스피치 훈련에도 유용하게 활용될 수 있을 것이다.

본서를 통해 기내방송의 중요성을 인식하고 유의사항을 익혀서 세련된 방송능력을 함양하기 바란다.

저자 일동

CONTENTS

Appendix _ 부록 • 137

참고문헌 • 198

STEP 1

기내방송의 이해

제1절 객실승무원의 업무와 기내방송
제2절 기내방송의 개요
제3절 기내방송의 요건
제4절 세련된 방송을 위한 기술

STEP 1
기내방송의 이해

제1절 객실승무원의 업무와 기내방송

1. 객실승무원의 책임과 임무

객실승무원은 남·여 승무원을 총칭하여 승객의 안전하고 쾌적한 여행을 위해 객실에 탑승하여 근무하는 사람을 말한다.

객실승무원은 승객을 목적지까지 안전하고 쾌적하게 운송하여야 하는 안전의 책임과 운송 중 승객의 요구를 충족시켜 최상의 서비스를 제공하고 편안한 여행이 될 수 있도록 서비스할 책임이 있다.

객실승무원이 하는 일은 항공기에 탑승한 승객이 목적지에 내릴 때까지 비행시간을 편안히 보낼 수 있도록 도와주는 역할이다. 그러므로 객실승무원의 가장 중요한 임무는 비행 중 기내안전을 책임지고, 만일의 비상사태 시 승객을 안심시키며 신속하고 안전하게 탈출시키는 데 필요한 조치를 취하는 것이다.

객실승무원의 임무를 요약하면 다음과 같다.

- 운항 전 브리핑에 참석하여 비행근무에 필요한 사항을 확인한다.
- 객실 내의 비상장비, 의료장비 및 서비스 물품 등을 점검한다.
- 운항 및 안전에 관하여 기장이 지시하는 업무를 수행한다.
- 승객 탑승 전·후, 객실상황 및 운항 전·후 기내안전 및 보안점검을 실시한다.
- 승객에게 Safety Instruction을 실시한다.
- 승무원의 업무수행을 위한 근무규정을 준수한다.

✈ 객실승무원의 역할

서비스 제공의 역할

승객에게 외형적이나 물질적인 것만 서비스하는 것이 아닌 인적 · 정신적인 자세가 포함된 서비스를 제공해야 한다.

도움이 되어주는 역할

승객이 어려운 일을 접했을 때 도움을 주고 해결하는 등 승객이 목적지까지 안심하고 편안한 여행을 할 수 있도록 세심하게 배려하는 역할을 해야 한다.

승객과의 인간관계를 원활하게 하는 역할

승객과 승무원의 관계, 혹은 승객과 승객의 관계를 원활하게 이끄는 교량역할을 하고, 다양한 부류의 승객과의 대화를 통해 여행의 즐거움과 편안함을 제공해야 한다.

✈ 객실승무원의 탄생과 업무

원래 여객기의 객실에서 승객에 대한 서비스를 전담하는 객실승무원은 없었으며, 대신 부조종사가 이를 담당하여 비행 중 승객에게 간단한 음료서비스와 비행안내 등을 했었다.

그러나 여객기의 발달과 함께 탑승객의 수가 증가하면서 객실전용 승무원의 탑승제도가 도입되었고, 1928년 독일의 루프트한자 항공사가 가장 먼저 남승무원을 탑승시켰다. 당시 객실승무원을 'Flight Attendant'라고 불렀으며, 이때부터 여객기에 조종요원과 객실요원의 기능이 구분되었다.

여승무원인 스튜어디스(Stewardess)의 시초는 이후 2년 뒤인 1930년 미국의 보잉에어트랜스포트회사(BAT, Boeing Air Transport, 현 유나이티드항공)에서 엘렌 처치(Ellen Church)라는 25세의 간호사를 채용하면서부터이다.

초기 승무원은 현재와 같이 지상근무 요원이 따로 없었기 때문에 승무원이 탑승수속 업무까지 담당했으며, 승객의 몸무게와 수하물의 무게를 재는 일을 했다.

객실에서는 음료나 식사서비스를 했으며, 기내방송시스템이 없었기 때문에 여객기 통과지점의 안내나 비행고도, 속도, 도착예정시간 등을 메모지에 써서 승객에게 회람시키는 일을 했다.

2. 객실승무원의 직급체계와 방송 듀티(Duty)

객실승무원의 직급체계는 항공사별로 명칭, 연한에 있어서 다소 차이는 있으나 일반적으로 다음과 같이 구분하며, 공통적으로 여러 단계의 진급과정을 거치게 된다.

1) 직급에 따른 구분

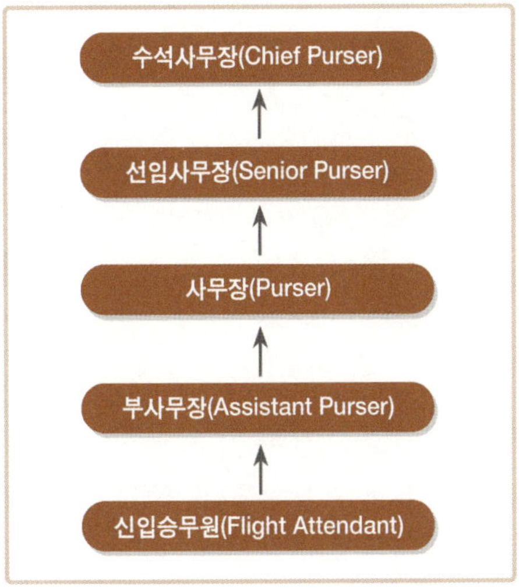

처음 입사한 신입승무원들은 회사 규정에 따른 일정기간 동안 비행근무를 한 후 자격심사를 거쳐 부사무장(Assistant Purser)이 된다. 이를 보통 영어 알파벳의 앞 글자를 따서 AP라고 부르는데, AP가 되고 나서 일정 근무기간이 지나면 항공기 객실의 관리자 격인 사무장(Purser)으로 진급할 수 있는 자격이 주어진다.

그리고 다시 사무장에서 일정 연한 근무 후 선임사무장(Senior Purser)으로의 진급기회가 주어지고, 그 다음 승무원 중에서는 최고의 직급인 수석사무장(Chief Purser)이 될 수 있는 자격이 주어진다.

2) 직책에 따른 구분과 임무

(1) 객실 팀장(Duty Purser)

해당 항공편에 탑승한 승무원 구성팀의 최상위 직급자로서 승객서비스에 관련된 제반사항, 객실승무원 지도, 객실업무관리 및 책임을 맡는다.

- 객실브리핑(Briefing) 주관 및 승무원의 업무 할당

- 비행 중 기내설비 및 장비의 기능점검 확인
- 기내서비스 진행관리 및 감독
- 항공기 출입항 서류 및 Ship Pouch 등 제반 서류관리
- 기내방송 관리감독
- VIP, CIP 등 Special 승객 등에 대한 처리
- 비행 중 발생하는 Irregularity 상황의 해결 및 보고
- 객실 및 승객의 안전에 관한 운항승무원과의 커뮤니케이션
- 안전비행을 위한 제반조치
- 해외체재 때 승무원 관리 및 해외 지사와의 업무 연계체제 유지

(2) 객실 부팀장(Assistant Purser)

팀장 유고 때 그 임무를 대행하며, 승무 중에는 다음의 업무를 수행한다.

- 팀장업무 보좌
- 팀장의 임무수행이 불가능한 경우 팀장 업무대행
- 일반석 서비스 진행 및 관리
- 서비스용품 탑재 확인
- 비행 안전업무
- 수습 승무원 훈련지도 및 평가
- 일반 승무원 업무 및 기타 팀장으로부터 위임받은 업무수행

(3) 객실승무원

비행 중 각자에게 할당된 구역에서 비행안전 및 서비스 업무를 담당한다.

(4) 현지 여승무원

비행 중 할당된 구역의 비행안전 및 서비스 업무를 담당하며, 해당 언어권의 현지 승객을 위한 의사소통을 담당한다. 비행 중 실시되는 안내방송을 해당 현지어로 실시한다.

3) 방송담당 승무원

객실승무원은 직급, 직책에 따른 구분 외에 비행근무 중 업무에 따라 갤리담당, 기내판매담당, 방송담당 승무원 등으로 구분된다. 이 중 방송담당 승무원은 각 비행 팀별로 방송을 담당하는 승무원으로서 비행 중 해당 항공편의 승객을 대상으로 기내방송을 실시하게 된다.

객실 사무장은 해당편 여승무원 중 방송자격 보유 승무원에게 방송업무를 부여하여 정상 상황에서 실시하는 방송을 전담하도록 한다.

기내방송의 담당은 해당편 승무원 중 방송자격 최상위 등급자가 실시하는 것을 원칙으로 하고 상황에 따른 듀티(Duty)의 변경은 객실 사무장의 책임하에 실시될 수 있다.

비행 중 기내방송에 대한 책임은 방송 듀티(Duty)를 부여받은 방송담당 승무원에게 있으며, 해당 비행을 총괄 책임지는 기내업무의 책임자로서 객실 사무장이 최종 책임을 진다. 또한 비정상적인 상황이 발생할 경우는 객실 사무장이 방송을 담당한다.

비행기 내의 승객들은 대부분 기내방송이 녹음된 안내방송이라고 생각하는 경우가 많다.

물론 노선 특성에 따라 중국어, 일어, 프랑스어 등 미리 준비한 언어로 안내사항들을 녹음해 방송으로 내보내기도 한다. 그러나 한국어 및 영어 방송의 경우 모든 비행 편에서 승무원들이 직접 안내방송을 하는 것이 원칙이다. 그러므로 항공사마다 기내방송 품질 향상을 위해 방송교육이 이루어지고 있으며 승무원은 한국어, 영어, 일어 등 항공사별로 지정한 언어의 기내방송을 교육받는다.

기내방송은 그 중요성만큼이나 오랜 시간 많은 연습이 필요하다. 간혹 사투리 억양이 있는 사람도 있고 목소리 자체가 허스키하거나 거친 사람들도 있으나, 집중적인 발음교정 교육과 연습을 통해 정확하고 세련된 기내방송 능력을 갖추게 된다.

기내방송은 방송할 수 있는 자격이 주어진 승무원들만 가능하다. 방송자격을 얻기 위해서는 일련의 교육 등의 과정을 거쳐 방송자격 취득을 위한 시험을 통과해야 하며, 여러 단계로 구성되어 있는 방송시험에 응시함으로써 자격단계를 점차 올려가게 된다.

제2절 기내방송의 개요

1. 기내방송의 목적

기내방송은 비행기 탑승객을 대상으로 실시되는 정보의 전달매체로 항공여행 중 발생되는 모든 상황에 대한 정보를 적시에 전달함으로써 승객의 궁금증을 해소시키고 안전과 관련한 통제의 수단으로 활용한다. 즉 기내방송은 승객의 안락한 항공여행을 위한 길잡이로서, 비행 중 제공되는 각종 서비스 내용, 기내시설 이용방법 및 항공여행에 필요한 정보를 안내하는 서비스를 제공하는 한편, 유사시에는 승객을 효율적으로 통제함으로써 승객의 안락하고 안전한 여행을 보장하기 위해 실시하는 것이다.

2. 기내방송의 기능

최근 항공교통이 대중화되고 해외여행이 보편화됨에 따라 기내방송에 대한 승객의 관심도가 점차 증가하고 있어 항공사마다 기내방송서비스의 중요성이 강조되고 있다.

기내방송은 다수의 승객에게 중요한 정보를 한 번에 전달할 수 있는 편의성 때문에 항공여행에 필요한 필수적인 방송뿐만 아니라, 다양한 각종 정보 등을 제공하는 기능이 있다.

기내방송의 기능은 다음과 같다.

- 비행 중 항공여행의 정보를 전달함으로써 승객의 알고자 하는 욕구를 충족시켜 준다.
- 제한된 공간에서 필요시 다수의 승객을 효율적으로 통제하는 안전을 위한 기능을 갖는다.
- 예기치 않은 비정상적인 상황이 발생했을 때 방송을 통해 승객을 적절히 통제하여 효율적인 대처가 가능하도록 한다. 즉 승무원은 상황과 여건에 따라 신속한 상황판단 및 대처능력을 발휘하여 정확하고 적절한 방송을 실시함으로써, 항공기 비정상 상황에 대한 승객의 불안감이나 궁금증을 해소시킨다.

최근 기내방송은 승객의 즐거운 항공여행을 이끄는 새롭고 독특한 서비스로 기능하고 있다. 예를 들면 목적지 정보와 비행시간, 비행고도 등의 정보 외에도 승객에게 기내에서 발생한 일에 대한 상황을 전달한다거나, 승객의 관심분야에 대한 생생한 뉴스나 소식 등을 실시간으로 나누고 공감대를 형성, 특화된 기내서비스의 도구로 사용함으로써 탑승객의 즐거운 항공여행을 유도하는 기능을 하기도 한다.

특히 최근 항공기 운항이 단지 승객을 수송하는 교통수단이 아니라, 여행의 일부로 즐거움이어야 한다는 인식이 커지면서 딱딱한 방송보다 유쾌한 기내방송을 독특하게 마케팅에 활용함으로써 승객들에게 각광받는 항공사도 있다.

미국의 저가항공사 사우스웨스트항공의 기내방송을 활용한 고객관계 강화의 사례는 항공사의 성공경영 사례와 함께 널리 알려져 있다.

사우스웨스트항공에 탑승하면 조종사가 비행시간 내내 관광안내를 해주거나, 중간중간 풋볼이나 야구중계를 해주기도 한다. 승객 중에 생일을 맞은 사람이 있으면 승객과 승무원 전원이 "Happy Birthday!" 노래를 합창한다. 착륙시간이 다가오면 사가(社歌)를 부르기도 한다. 그래서 사우스웨스트 기내는 항상 유머와 웃음이 넘친다.

✈ 제주항공, 한글날 맞아 순우리말 기내방송 호응

제주항공은 한글 반포 572돌을 맞아 9일부터 오는 31일까지 국내선과 국제선 모든 항공편 기내에서 순우리말로 바꾼 기내 방송을 실시한다고 8일 밝혔다. 제주항공은 2008년부터 매년 한글날에 외래어나 한자어 사용을 최대한 배제하고 순우리말로 기내방송을 실시해 좋은 반응을 얻고 있다.

예를 들어 이륙과 착륙은 각각 '날아오를 때'와 '땅에 내릴 때'로 표현한다. '비행기'는 '나는 기계'라는 말을 풀어 '날다'와 기계 또는 장치를 뜻하는 우리말 '틀'을 합성해 '날틀'로 바꿨다. '여행'은 '나들이'로, 제주항공을 소개할 때 쓰는 '신선한' 등의 꾸밈말은 새롭고 산뜻하다는 뜻을 가진 '새뜻한' 등으로 바꿔 방송한다.

제주항공은 국립국어원의 도움을 받아 기내에서 자주 사용되는 잘못된 높임말 표현도 바로잡았다. 이를테면 '커피가 뜨거우시니 조심하십시오'는 '뜨거우니 조심하십시오'로, '등받이 올리실게요'는 '등받이 올려주세요'로, '5분 정도 걸리십니다'는 '5분 정도 걸립니다'로 바꿨다.

〈출처 : 매일경제, 2018. 10. 08〉

3. 기내방송의 특성

기내방송은 서비스이다

일상생활 중 TV를 통해 앵커들이 진행하는 뉴스 프로그램 외에도 백화점, 마트 등에서 흘러나오는 방송, 버스나 지하철에서 듣는 안내방송 등 공공장소에서 다양한 방송을 접할 수 있다.

이러한 방송들과 기내방송의 차이점은 무엇일까? 모두 다수의 사람들에게 필요한 정보를 전달하는 기능은 동일하나 각각의 특성에 따라 차이가 있다.

우선, TV 뉴스프로그램을 진행하는 앵커는 개인의 감정은 배제하고 단지 사건, 사고 등 사실적인 뉴스를 전달하므로 전달력은 높으나 부드러운 느낌이 없다. 백화점 안내방송의 경우 친절함을 강조하여 지나치게 어투를 꾸미다 보니 부자연스럽고 전달력이 낮은 편이다. 또한 버스나 지하철 등 교통기관의 하차역을 안내해주는 방송은 기계음이 두드러지고 딱딱하며, 친절한 느낌이 들지 않는다.

기내방송은 비행 중 승객에게 안내자의 역할을 해야 하므로 친절함을 잃지 않으면서 듣기에 편안하고 명확하게 들릴 수 있도록 해야 한다. 비행할 때마다 실시하는 방송이 승무원에게는 반복적으로 수행하는 기내 업무의 하나에 불과한 것으로 인식될 수 있으나, 기내방송은 클래스와 상관없이 전 승객이 똑같이 체감할 수 있는 공통의 객실서비스이다.

기내방송은 커뮤니케이션이다

서비스 현장에서 서비스맨의 화술은 우아하면서도 품격 있는 태도와 행동을 뒷받침하는 중요한 요소가 된다. 대화할 때 표준어, 예의바른 언어, 상황에 맞는 적절한 표현 등을 잘 사용하는 것은 서비스맨의 가장 기본적인 커뮤니케이션 능력이 된다.

흔히 기내방송은 방송시스템을 활용하여 업무상 편의를 위한 승무원의 일방적인 전달이라고 생각하기 쉽다. 그러나 항공기내 환경과 시간의 흐름에 따라 다양한 내용으로 흘러나오는 기내방송은 승객에게 제공되는 객실서비스로서 승객과의 중요한 소통이 된다는 점을 기억해야 한다.

기내방송에도 표정이 있다

일반적으로 말을 하면서 보내는 손짓, 눈빛 등의 긍정적인 제스처인 보디랭귀지를 효과적으로 사용하면 의미를 명확히 할 수 있을 뿐만 아니라 대화를 활기 있게 하고 상대방의 깊은 관심을 유도할 수 있다.

그러나 기내방송은 기본적으로 승객에게 보디랭귀지를 보일 수 없는 상황이므로 철저히 음성에 의존하여 전달하게 된다. 그러므로 방송 내용은 항공사별로 유사하나 방송담당자의 주의 깊은 말 한마디로 승객이 느끼는 친절함과 신뢰감은 매우 다를 것이다.

Voice with Smile! 세계적인 통신회사 AT&T의 광고문구이다. 이는 미소를 띠고 얘기하면 그것이 전화선을 타고 상대방에게 전달된다는 생각에서 비롯되었을 것이다. 누구나 목소리만 들어도 상대의 표정까지 충분히 읽을 수 있다.

기내방송의 기본은 밝은 얼굴과 바른 자세에서 시작된다. 방송담당자가 방송하는 동안 미소를 짓고 항상 밝은 목소리로 방송문을 읽어나갈 때 승객이 받아들이는 느낌이 다를 것이다. 또한 얼굴 표정뿐 아니라 자세에 따라 음성의 명확함, 강도, 생동감이 달라진다. 바른 자세와 밝은 얼굴로 하는 방송의 음성에는 밝은 표정이 있을 것이다.

4. 기내방송의 운영

1) 기내방송의 종류

기내방송에는 시점과 상황에 따라 여러 종류가 있다.

환영인사부터 시작해서 안전에 관한 안내, 출발 안내방송, 이륙 전·후 안전관련 요청사항, 기내서비스 내용, 기류변화에 대비한 방송, 도착지 시간, 기상 및 입국절차 안내 등 다양하다.

2) 기내방송의 절차

- 모든 기내방송은 방송 매뉴얼(Manual)상의 절차 및 문안에 의거하여 실시해야 한다.
- 비정상적인(Irregular) 상황의 발생으로 방송이 매뉴얼(Manual) 이외 임의의 문안으로 실시된 경우는 비행 종료 후 소속부서에 보고한다.
- 지연(Delay)방송은 최초 발생 직후, 이후로는 변동사항이 발생할 때마다 즉시 안내방송을 실시한다. 승객들의 심리상태 및 시간의 흐름을 고려하여 최대한 적시에 방송을 실시한다.
- 방송내용 중 시간 안내를 하는 경우 운항승무원, 에어쇼(Air Show) 등의 안내와 일관성 있게 실시한다.
- 노선별 특성을 고려하여 최대한 융통성이 발휘된 방송을 실시한다.
- 날씨, 목적지 관련사항 등 전달하고자 하는 정보를 최대한 정확하게 수집하여 방송을 실시한다.

3) 기내방송 우선순위

기내에는 승무원에 의한 방송 외에도 다양한 형태의 방송이 실시되는데, 모든 방송에는 우선순위가 있다. 즉 상위방송이 실시될 경우 하위방송은 작동하지 않게 된다. 예를 들면 승객이 비디오를 시청하는 중에 승무원의 기내방송이 실시되면 그동안 비디오의 음향은 들리지 않게 된다.

방송의 우선순위는 다음과 같으며, 기장 방송이 최우선이 된다.

기내방송 우선순위

- Cockpit Crew(기장 방송)
- Cabin Crew(객실승무원 방송)
- Pre-recorded Announcement(녹음방송)
- Video 시스템에 의한 방송
- Boarding Music

4) 노선별 언어 및 방송 순서

방송언어는 기본적으로 노선에 따라 2~3개의 언어를 실시한다. 단 필요에 따라 최대 4개 언어를 실시할 수 있다.

국내선에서는 '한국어-영어' 순으로 실시하며, 국제선에서는 '한국어-영어-현지어(또는 지정 외국어)' 순으로 실시함을 원칙으로 한다. 그러나 내국인으로 구성된 전세기의 경우는 국내선, 국제선 공히 한국어 방송만 실시하며, 노선별로 지정된 언어가 아니더라도 탑승객 점유비율에 따라 객실 사무장이 판단하여 해당 외국어 방송을 실시할 수 있다.

현지어는 탑승한 현지 여승무원, 승무원(Home Crew) 중 해당 언어 방송자격 보유자, 녹음방송(Pre-recorded Announcement) 등의 우선순위로 실시한다.

현지 여승무원은 기내방송문에 의거하여 비행 중 승무원(Home Crew)에 의해 실시되는 모든 방송을 뒤이어 자국어로 실시한다.

비정상 상황 발생으로 방송문을 임의로 작성하여 실시할 경우, 현지 승무원 탑승 시에는 사전에 내용을 알려주어 현지어 방송을 실시하도록 한다.

● 주요 노선별 기내방송 언어 순서

노 선	언어 순서
한일노선	한국어 - 일어 - 영어
한중노선	한국어 - 중국어 - 영어 - (일어)
동남아노선	한국어 - 영어 - (현지어)
미주노선	한국어 - 영어 - (일어 또는 중국어)
구주노선	한국어 - 영어 - (현지어)

객실 사무장은 방송문 내용을 사전 숙지하여 적시에 적합한 방송을 실시해야 한다.

시점별 기내방송

구 분	기내방송	시 점
이륙 전	· Baggage Securing	승객 탑승 중
	· Preparation for Departure	
	· Prior to Pushback	Door Close 후
	· Welcome	
	· Safety Demonstration	
	· Take-off	
비행 중	· Seat belt Sign Off	좌석벨트 상시 착용 안내 시
	· Captain Announcement	
	· 기내서비스 순서 안내	중거리 이상에서 실시
	· In-flight Sales	면세품 판매 시작 전·후
	· 헤드폰 회수 안내	헤드폰, 잡지, 담요 회수 시
	· Arrival Information	국가별 입국서류 작성 및 절차 안내 시
	· Approaching	착륙 20분 전
	· Transit Gate Information	연결편 탑승구 안내 시
	· Landing	착륙 10분 전
	· Turbulence	비행 중 필요시
착륙 후	· Farewell	
	· Taxing 중 승객 착석 요청	
	· 승객 하기 안내	Door Open 후

※ 항공사에 따라 차이가 있음

제3절 기내방송의 요건

1. 기내방송의 요건

전달력이 있어야 한다

항공기 객실은 항상 기본적인 소음이 존재하는 환경이다. 기내방송이 또 하나의 소음이 되지 않도록 하기 위해서 불필요한 잦은 기내방송은 삼가고 상황에 따라 적합한 방송이 이루어지도록 한다.

기내방송의 기본은 승객에게 알리고자 하는 내용을 명확하게 전달하는 데 있다. 그러므로 발음의 정확성, 속도, 억양, 톤, 띄어 읽기, 음성 크기, 내용 이해 정도 등의 다양한 요소들을 고려해서 실시해야 한다.

친절함이 있어야 한다

기내방송은 본연의 목적과 기능 외에도 승객에게 친근하게 다가갈 수 있는 부드러움과 친절함이 요구된다. 승객 한 사람 한 사람에게 대면 서비스하는 마음으로 대화하듯이 부드럽고 친절하게 전달해야 한다. 즉 많은 승객을 대상으로 하는 방송이지만 승객 개개인은 눈앞에서 승무원 한 사람에게 서비스를 받는 듯한 친밀감과 정성스러운 마음이 느껴지는 방송이어야 한다.

승객들이 기내방송을 통해 기대하는 것은 방송담당 승무원의 유창한 발음보다도 항공여행 중 궁금한 점을 차근차근 알려주는 편안하고 친근한 방송일 것이다.

2. 방송 담당자의 임무

방송 담당자는 무엇보다도 기내방송의 중요성을 인식, 방송임무에 대한 책임감을 갖고 신중하고 성실하게 방송에 임해야 한다. 또한 일방적인 전달이 아닌 승객과 교감하는 방송을 위해서 방송문을 이해하고 암기하여 능숙하고 세련되게 읽어야 한다.

방송 담당자는 기본적으로 운항 및 객실서비스 절차에 맞는 해당 문구의 방송문을 연습, 훈련하고 시점에 맞는 정확한 방송을 실시해야 할 의무가 있다. 또한 비행 중 본연의 객실업무와 함께 방송의 책임을 다하려면 상황대처능력이 필요하다. 실제로 비행 중 정상적인 상황만 주어지는 것이 아니므로, 때로는 방송문에 없는 내용을 방송 형식과 격식에 맞게 구성해야 하는 경우가 있다. 비정상적인 제반 상황에 즉각 대처하여 적시에 방송이 이루어질 수 있도록 하기 위해 평소 방송문에 대한 관심과 연습이 필요하다.

기내방송 시 다음의 항목을 점검한 후에 실시하도록 한다.

1) 방송 전 점검사항

항공기별로 마이크 감도 및 음량이 상이하므로 항상 승객 탑승 전 지상에서 마이크의 음량, 음질이 목소리와 조화를 이룰 수 있도록 마이크 상태를 사전에 점검한다. 마이크와 입술과의 거리는 2cm 내외가 적당하며 송화기에 입술이 정면으로 향하도록 하여 음량 및 명료도가 양질의 상태로 유지되도록 한다. 방송이 승객에게 가장 잘 전달될 수 있도록 최적의 방송 환경을 준비하고 조성하는 것 또한 방송 담당자의 의무이다.

2) 방송 시 점검사항

모든 방송은 실시하기에 앞서 혹여 잘못된 정보를 안내하는 일이 절대 없도록 미리 그 내용의 정확성을 세심하게 확인해야 한다. 국제선의 경우 특히 검역이나 세관에 관련된 안내사항이나 해당 국가의 시차, 현지시간 등의 방송 시 정확한 정보전달에 특히 유의해야 한다.

예를 들어 일본 도쿄(東京)까지 가는 비행기도 하네다(羽田) 공항과 나리타(成田) 공항에 도착하는 편으로 나뉘기 때문에 공항명을 잘못 방송하거나, 공항명을 빼고 그냥 '도쿄까지 가는 비행기'라고 방송할 경우 승객들에게 혼란을 줄 수 있다.

또한 방송 담당자 임의로 절차별로 해야 하는 방송의 일부를 빠뜨리거나 내용을 줄여서 방송해서는 안 된다.

✈ "비행기 바다 위 비상착륙" 방송 실수로 승객 대소동

대서양 위를 비행하던 여객기의 탑승객들이 "곧 바다 위에 비상착륙한다"는 기내방송에 혼비백산했다가 가짜로 밝혀져 안도의 한숨을 내쉬는 황당한 일이 발생했다. 사건은 미국 마이애미발 영국 런던행 브리티시에어웨이즈 소속 여객기에서 일어났다.

승객들이 잠들어 있던 새벽 4시쯤, 갑자기 기내방송으로 "비상상황에 따라 곧 바다 위에 착륙하겠다"는 메시지가 방송됐다. 한 승객은 18일 데일리메일과의 인터뷰에서 "갑자기 나온 기내방송에 탑승객들이 울고불고 난리가 났다"며 "다 죽는 줄 알았다"고 말했다. 하지만 약 30초 뒤 한 승무원이 마이크를 잡더니 아무 일 없다는 듯한 차분한 목소리로 "실수로 방송된 메시지였다"고 해명했다.

사실은 조종석에서 한 파일럿이 사전 녹음된 메시지 장치의 버튼을 잘못 눌렀던 것. 브리티시에어웨이즈 측은 이날 파일럿의 실수로 승객들에게 충격을 준 사실에 대해 사과성명을 발표했다.

〈출처 : 문화일보, 2012. 01. 19〉

3) 방송 시 유의사항

방송 담당자는 다음의 사항들에 유념하여 방송을 실시한다.

- 시점에 맞게 전달하고자 하는 방송 내용을 정확히 확인한다.
- 긴 문장일 경우 승객이 이해하기 쉽도록 단락을 구분하여 주요 단락을 찾아 적절히 끊어 읽는다.
- 메시지를 전달할 때 중요 단어에 힘을 실어 읽음으로써 메시지에 신뢰성을 높이고 승객의 관심과 주의를 유지하도록 한다.
- 여유 있고 친근감 있는 방송이 되도록 자연스럽게 문장을 이어 읽는다.

세부 유의사항은 다음과 같다.

- 안정된 호흡과 발성훈련이 되어 있어야 한다.
- 방송문을 읽을 때 밝은 표정을 띠고 올바른 자세를 유지해야 한다.
- 각국 언어의 특징을 이해하고 감정과 테크닉을 연구해서 구사한다.
- 발음, 억양, 톤(Tone), 속도(Speed), 음량에 유의해야 한다.
  - 한국어, 외국어 공히 내용과 의미 전달력에 유의하여 정확한 발음으로 또박또박, 천천히 정성스럽게 읽어야 한다.
  - 밝고 경쾌한 톤(Tone)으로 친절한 방송이 되도록 한다.
  - 자연스러운 억양을 구사하며, 동일한 억양이 반복되지 않도록 변화를 준다.
  - 적당한 속도(Speed)와 띄어 읽기(Pause)를 올바로 해서 의미전달에 혼돈이 생기지 않도록 한다.
  - 적절한 음량을 구사해야 한다.

제4절 세련된 방송을 위한 기술

1. 방송의 기본 요령

기내방송의 핵심이 되는 음성과 말씨에는 발음, 억양, 톤 등의 요소들이 있으나 무엇보다 승객의 마음에 밝고, 상냥하고, 알아듣기 쉬워야 한다. 방송도 기내서비스이므로 방송을 할 때 익혀야 할 화술은 웅변이나 연설이 아닌 대화술이다. 이 대화능력의 차이가 방송 전달력과 친절도에 영향을 미친다.

세련된 방송을 위해서는 호흡, 음성, 발음을 효과적으로 활용하여, 방송을 통한 승객과의 커뮤니케이션 능력을 보다 갈고 다듬는 노력을 끊임없이 기울여야 한다. 방송이 단순히 말 전달이 아닌, 승객의 요구와 상황을 적시에 헤아리고 도움이 되는 서비스가 되도록 해야 한다.

다음 방송의 기본 요령에 유의하도록 한다.

바른 자세

음성을 효과적으로 사용하기 위한 기본 전제가 바른 자세이다. 바른 자세의 기본은 가슴을 올리고 배를 집어넣는 것이다. 서 있는 자세라면 양쪽 다리에 체중을 균형 있게 배분하는 것이 중요하다. 그리고 앉아 있을 때에는 허리를 바르게 펴고 다리를 꼬지 않도록 한다.

'저음(低音)'은 방송문에 적합하지 않은 목소리이며 고개를 떨구면 목소리도 낮아지므로 너무 고개를 숙여 방송문을 보지 않도록 한다. 또한 미소를 지으면서 방송문을 읽어야 음색이 편안하면서도 친근감 있는 밝은 느낌의 목소리가 나올 수 있다.

정확한 발음

방송 담당자의 발음이 불분명하면 승객에게 의사전달이 안 될 뿐만 아니라 신뢰감을 얻기 힘들다. 처음 한두 번은 문의하겠지만 반복되면 승객은 제대로 알아듣지 못하고 중요한 정보 얻기를 포기할 것이다.

기내방송을 통해 안내하는 도착지, 편수, 비행시간, 지연사유 등 승객이 궁금해하는 내용을 정확하게 전달하기 위해서는 무엇보다 또박또박 발음해야 한다. 특히 숫자로 표현하는 날짜, 시간, 세부사항 등의 정보를 전달할 때는 더욱 정확한 발음으로 분명하고 명확하게 말한다.

- "목적지인 / 로스앤젤레스까지의 예정된 비행시간은 / 이륙 후 / --시간--분으로 예정하고 있습니다."
- "지금 이곳 시각은 / --월--일--요일 / 오전(오후)--시--분입니다."

음성의 강약 조절

유치원생이나 초등학생이 매우 일률적인 반복된 억양으로 발표하는 모습을 본 적이 있을 것이다. 일반적으로 세련된 의사표현을 하는 사람과 그렇지 못한 사람의 가장 중요한 차이는 말의 억양이나 속도에 변화를 주며 말하느냐 그렇지 않느냐에 달려 있다.

일정한 톤과 속도로 말을 하면 전달력이 매우 떨어진다. 처음부터 끝까지 마치 외워서 말하듯 단조롭게 표현하면 듣는 사람을 지루하게 만들고 의미전달을 효과적으로 할 수도 없다. 또한 방송 담당자가 오류를 자주 범하는 것은 절이나 문장이 끝났을 때 습관적으로 어미를 끌면서 읽는 것이다. 이는 타성에 젖은 방송으로 들리게 된다.

같은 말이라 해도 그 높낮이에 따라 뜻이 달라질 수 있으며, 음성의 고조로 긴박

감을 표현하는 등 다양한 표현이 가능하다. 즉 중요한 부분에 강세를 두어 말을 하면 자연스럽게 억양이 생기고 더욱 명확하게 메시지가 전달된다. 이는 방송의 전달력을 높이고 승객의 관심을 지속적으로 끌 수 있는 방법이다. 단 전체적으로 같은 억양이 두 번 이상 반복되지 않도록 변화 있게 표현한다.

- "오늘 저희 승무원들은 / 여러분을 / 목적지인 ○○○까지 / 정성껏 모시겠습니다."
  ➜ 이때 강세의 위치에 따라 전달하고자 하는 내용(목적지)을 강조할 수 있다.

안정감 있는 톤

일반적으로 타인을 설득하고 확신을 주려면 목소리의 톤을 약간 낮추는 것이 좋다. 방송담당 승무원의 지나치게 높은 목소리보다는, 낮고 무게감 있는 목소리가 승객에게는 신뢰감 있게 들릴 뿐 아니라 따뜻하게 들린다. 특히 비행 도중 기내방송이 시작되면 예고 없이 모든 승객의 오디오시스템의 소리가 들리지 않게 되므로, 기내방송의 첫 음은 너무 갑작스럽지 않게 높지 않은 적절한 톤으로 낮고 안정적으로 시작하는 것이 좋다.

- "손님 여러분."
- "안내말씀 드리겠습니다."

적당한 속도

말의 속도는 청취자들이 얼마만큼 이해하기 쉬운가 하는 것과 관련이 있다. 너무 빨리 말하면 듣는 사람을 긴장하게 만들고 불안감을 주며, 반면 느리게 머뭇거리면서 말하면 뭔가 둔하고 열의가 없다는 인상을 준다. 따라서 서두르지 않으면서도 생기가 느껴지는 적절한 속도에 대한 감각을 익히는 것이 중요하다. 승객의 다양한 연령층을 감안하여 기내방송은 조금 경쾌한 느낌을 유지하면서 천천히 정확한 발음으로 말하는 것이 효과적이다.

'천천히'란 느리게 말하는 것이 아니라, 한마디를 하고 나서 충분히 호흡을 가다듬은 연후에 다음 말을 이어나가는 여유로움을 말한다. 그리고 중요한 단어들을 정확한 발음으로 전달할 수 있는 속도를 말한다.

방송문을 읽으면서 너무 긴장한 나머지 점점 빨라지는 경우, 성의 없게 들릴 수 있으므로 유의해야 한다.

- "좌석 등받이와 테이블을 / 제자리로 해주시고 / 좌석벨트를 매주십시오."
- "창문커튼은 열어주시고, / 꺼내놓은 짐은 / 좌석 밑이나 선반 속에 넣어주십시오."

효과적인 띄어 읽기(Pause)

우리말은 띄어 읽기와 쉼표의 위치에 따라 문장의 의미가 완전히 달라지므로 적절한 위치에서 띄어 말해야 듣는 사람이 이해하기 쉽다.

예를 들면 "아버지가 방에 들어가신다"라는 말을 할 때 '아버지가' 다음에 잠깐 사이를 두지 않으면 '아버지 가방'으로 들릴 수도 있다.

의미 전달을 위한 띄어 읽기

- "면세품을 구입하실 수 있도록 / 예약주문을 받고 있습니다."

한 단어, 혹은 한 문장이 끝나고 다음으로 넘어갈 때에도 얼마만큼의 간격을 가지느냐에 따라서 말하는 감정의 정도가 다르게 느껴진다.

감정 전달을 위한 띄어 읽기

- "오늘도 / ㅇㅇ항공을 찾아주신 / 손님 여러분! //"
  → (/)표시 부분은 숨을 잠깐 들이쉴 정도로 짧게, 그리고 (//)표시된 부분에는 1~2초 정도 쉬어가면서 다음 말을 해나가면 말하기 쉬울 뿐 아니라 승객 또한 편안한 마음으로 들을 수 있다.

중요한 정보를 제공하기 직전 잠깐의 띄어 읽기는 승객으로 하여금 주의집중을 유도하여 필요한 정보를 습득할 수 있도록 한다.

강조를 위한 띄어 읽기

- "이 비행기는 / ____ 까지 가는 / ㅇㅇ항공 ____편입니다."

적당한 띄어 읽기는 승객이 메시지에 대해 반응할 시간을 제공하는 것이다. 반면 띄어 읽는 시간이 길어질 경우 오히려 사전 준비 없는 무성의한 방송으로 느껴질 수 있다.

2. 방송을 통한 커뮤니케이션 스킬

방송은 승무원을 위한 것이 아니라 듣는 승객을 위한 것이다. 방송하기 전에 어떻게 해야 승객에게 내용을 잘 전달할 수 있을지를 먼저 생각해야 한다. 그리고 승객이 편안하고 쉽게 정보를 이해할 수 있는 분위기를 조성해야 한다.

방송할 때의 자세와 태도 등 비언어적(Non-verbal) 커뮤니케이션 요소들도 방송하는 동안 주변 승객에게는 큰 메시지가 된다는 점을 기억해야 한다. 타성에 젖은 듯 성의 없이 하는 방송은 방송 내용에 진실성이 없게 느껴질 수 있다. 방송하는 동안 자세가 바르지 않거나, 다른 곳에 신경을 쓰거나, 손장난을 하는 등 불필요한 동작, 행동을 하는 것도 말의 내용에 무게가 실리지 않고 좋은 인상을 주기 어렵다. 방송하는 사람의 진실성과 친절함이 마이크를 통해 충분히 전달된다는 점에 유념해야 한다.

밝고 생동감 있게 방송한다

방송의 첫마디는 명랑하고 매력적인 음성으로 시작하도록 한다. 낮고 어두운 목소리로 말하면 끝까지 그런 식의 음성이 나오게 된다. 같은 방송문이라도 표정을 달리하여 읽어보고 톤의 차이를 느껴보도록 해야 한다. 음성을 잘못 사용하면 의욕이 없거나 힘없게 들릴 수도 있다. 그러므로 피곤한 음성으로 말하기보다는 항상 어느 상황에서라도 활기 있게 말하도록 한다. 단 항공기 내의 시점과 분위기를 감안하여 첫 음을 시작할 때는 항상 유의한다.

- "손님 여러분 / 안녕하십니까?"
- "도움이 필요하시면 / 언제든지 / 저희 승무원을 불러주십시오."
- "즐거운 여행이 되시기 바랍니다."

부드럽고 상냥하되 자신 있고 명확하게 읽는다

말끝을 흐리지 말고 단호하게 말하도록 한다. 단호함은 자신감 있게 생각을 표현하는 것을 말한다. 예를 들면 누군가와 대화할 때 손과 발을 바르게 한 자세로 상대방의 눈을 보고 미소 지으며 대화에 몰입하는 것과 같은 이치이다. 말끝을 흐리는 경우, 무성의해 보이고 전달력이 떨어지게 된다. 반면, 자신 있는 끝맺음은 승객에게 방송 내용에 대한 신뢰감을 갖게 한다. 자신감이 드러나면서 전달력 있는 목소리, 즉 깊고 부드러우며 힘 있는 소리를 내야 한다.

- "지금부터 / 좌석벨트를 매주시기 바랍니다."
- "전자기기를 사용하실 수 없으니 / 전원을 꺼주시기 바랍니다."

목소리 변화를 활용한다

말의 효과적인 전달을 위해서는 톤과 볼륨을 적절히 조정하고, 날카로운 소리, 콧소리를 없애고 음성에 멜로디가 담기도록 한다. 고·저, 강·약이 없는 기계적·사무적이며 단조로운 타성에 젖은 목소리는 부자연스럽고 듣는 승객은 무성의함을 느끼게 된다.

중요한 내용에 밑줄을 긋는 것처럼, 내용의 중요도에 따라 듣는 사람의 반응에 따라 목소리 크기를 조절해 나가도록 한다.

라포(Rapport) 형성이 중요하다

기내방송에서 가장 중요한 부분은 바로 승객의 귀와 마음을 여는 것이다. 기내방송은 승객의 신체언어를 관찰함으로써 이해 정도를 파악할 수 있는 여건이 되지 못하므로 특히 유의해야 한다. 보이지 않는 다수의 승객이 듣고 있는지 듣지 않고 있는지 느끼면서 방송의 속도를 조절해야 한다.

책을 읽는 것 같은 억양으로 귀찮다는 듯이 말한다든지, 아무리 경어를 잘 사용하고 있어도 무표정하게 반복하는 형식적인 말씨나 일의 절차를 서둘러 처리하는 듯한 말투는 승객에게 친근함을 느끼게 하지 못한다.

방송도 말하는 사람의 태도와 하나가 될 때 비로소 그 힘을 발휘할 수 있다. 승객은 방송을 통해 방송 담당자의 표정과 자세, 마음가짐을 읽을 수 있다는 점을 명심해야 한다.

자연스럽게 대화하듯이 읽는다

글자 한 자 한 자에 음의 변화를 주거나 단어에 악센트를 주다 보면 말이 부자연스럽다. 특히 방송담당 승무원이 피해야 할 방송은 일률적인 억양과 음률이 반복되는 개인의 습관이 드러난 방송이다. 이러한 방송은 진실성 없이 들리게 되므로 승객의 관심을 얻기 힘들고 신뢰감을 주기 어렵다.

기내방송을 승객에 대한 서비스로 생각하고 가장 편안하게 대화하듯이 방송을 해야 승객은 친근감을 느끼게 되며 그 친근감이 형성될 때 방송이 제 역할을 하게 되는 것이다.

- "갖고 계신 짐은 / 앞좌석 아래나 선반 속에 보관해 주시고, / 지정된 자리에 앉아 / 좌석벨트를 매주시기 바랍니다."
- "비행 중에는 / 기류변화로 / 비행기가 갑자기 흔들리는 경우가 있습니다."

마음을 전달하라

목소리에도 자신만의 마음과 독특한 표정을 담을 수 있도록 한다.

매번 "~하시겠습니까?"로 책을 읽는 듯한 일률적인 어투, 늘 같은 톤의 "어서 오십시오", 날아갈 듯 높은 톤의 "안녕하십니까?" 등 결국 발음하는 사람의 목소리를 통해 개인의 음성 이미지가 느껴지게 된다. 억양이나 속도에 변화를 주고 띄어 말하기를 잘한다 하더라도 말에 진심과 열성을 담지 않고 건성으로 말한다면 결코 듣는 사람의 마음을 사로잡을 수 없다. 말할 때 내용과 일치되는 감정을 목소리와 표정에 담아야 한다.

항상 같은 기계적인 방송보다 들을 때마다 느낌이 다른 방송을 할 수 있도록 한다. 승객에 대한 관심과 배려의 마음으로 자신만의 언어를 표현해 보도록 한다. 이는 곧 어떤 말의 격식이나 형식을 지키기 위함이 아닌 상대를 배려하는 마음을 표현하는 언어습관을 바탕으로 한다. 방송문 한 단어 한 단어에 마음을 담아 소리 내어 보자.

- "탑승을 진심으로 환영합니다."
- "감사합니다. 안녕히 가십시오."
- "다시 만나뵙게 되기를 바랍니다."

바람직하지 못한 방송

- 발음이 부정확하고 말끝을 흐림
- 톤이 너무 낮거나 높은 음색
- 마이크 조절이 안 된 너무 작거나 큰 음량
- 들리지 않을 정도의 약하고 힘없는 음성
- 듣기에 거슬리는 말투와 습관
- 억양 변화 없이 일정한 톤으로 하는 방송
- 빠른 속도로 쉬지 않고 하는 방송
- 친절함이 없는 명령형 느낌의 말투("벨트를 매주시기 바랍니다.")
- 감정 이입이 없는 건조한 방송("안녕하십니까", "안녕히 가십시오.")

3. 방송 훈련법

기내방송은 일부 항공사에서 객실승무원 채용과정 중 평가항목인 경우도 있다. 또한 승무원 지망생에게 기내방송문은 스피치 훈련에 아주 적합한 학습자료가 된다. 방송문 연습을 통한 스피치 훈련이야말로 기내상황을 간접적으로 느끼면서 보다 흥미롭게 연습할 수 있기 때문이다.

단, 기내방송 연습을 할 때는 특정 방송문을 외우려 노력하지 말고 어떠한 방송문이 주어져도 내용에 맞게 읽어내는 방송능력을 키우는 것이 가장 중요하다. 모든 항공사의 기내방송문은 그 내용이나 사용되는 어휘 등이 거의 유사하므로, 방송 기본요령에 따라 전달할 수 있는 능력을 갖추면 어떠한 방송문이라도 잘 읽을 수 있을 것이다. 자신을 승객이라 가정하고, 어떤 목소리의 기내방송이 좋게 들릴 것인가를 생각해 보라.

앞서 방송의 기본요령 및 세련된 방송기술에 관한 요령 등을 설명하였다. 유념해야 할 사항은 각각의 주의사항들을 평소 반복연습을 통해서 교정하고 훈련하여 종합적인 기내방송 능력을 길러야 한다는 것이다.

다음의 훈련법을 참조하여 꾸준히 연습해 보도록 한다.

방송모델 녹음 파일을 반복해서 듣는다

자신이 갖고 있는 잘못된 발음이나 습관을 교정하지 않은 채 무작정 연습하지 말고, 우선 방송모델 녹음 파일을 반복해서 많이 듣도록 한다. 또한 방송인의 화술은 전문적인 스피치 훈련을 받은 사람들이기 때문에 좋은 본보기가 될 수 있다. TV나 라디오에서 아나운서들이 진행하는 뉴스 프로그램을 주의 깊게 관찰하고 음성을 반복해서 듣고 거울을 보면서 따라 읽어본다.

물론 뉴스는 정확한 발음, 음성처리 등에는 좋은 모델이 되지만 방송의 성격상 형식적이고 딱딱한 면이 있다. 그렇다면 여기에 덧붙여 주변에서 사교성이 좋고 많은 사람 앞에서 자신의 의견을 피력하는 데 탁월한 능력을 가진 사람을 자신의 모델로 삼아 유심히 관찰해 보라. 이 두 가지 모델을 적절히 활용한다면 좋은 훈련이 될 것이다. 스피치와 방송훈련 공히 좋은 모델의 음성 표현을 많이 듣고 모방하면서 시작된다.

읽기연습을 하라

방송을 잘하기 위해서는 우선 음성의 강약과 고저, 그리고 완급이 잘 조화된 언어표현을 익혀야 한다.

연습방법으로는 신문사설이나 칼럼을 선택하여 내용의 흐름을 살려서 소리내어 읽는다. 단순히 읽는 것이 아니라 내용을 이해하면서 읽으면 억양이 저절로 자연스럽게 생길 것이다. 말의 강약, 어조의 빠르기에 변화를 주며 읽되, 마치 친구에게 말하듯이 자연스럽게, 천천히 그리고 약간 큰 소리로 읽어보라. 문장 끝에 '있다', '없다', '~것이다'를 '있습니다', '없습니다', '것입니다' 등으로 바꿔서 읽는다.

영어 문장을 읽듯이 끊어 읽기 표시를 하고, 자연스럽게 말하듯이 혹은 상담하듯이 읽는 연습을 한다. 또 자신이 읽은 내용을 녹음해서 들어보고 속도와 억양 등을 체크하며 객관적으로 평가해 본다.

자연스러운 억양은 꾸준한 스피치 훈련을 통해서 만들어지므로 무엇보다 평소 지속적인 훈련이 최선의 방법이다.

실제로 초, 중, 고등학교 국어교과서, 신문사설 등은 일상적인 화술에서 활용 가능한 좋은 지침서가 된다. 특히 여러 항공사의 기내방송문 읽는 연습을 하는 것도 매우 재미있고 효과적인 방법이다.

바르고 정감 가는 말씨를 구사하라

세련되고 친근감 있는 방송은 미소 떤 얼굴과 밝은 목소리로 이루어진다. 효과적인 커뮤니케이션을 위한 음성, 발음, 억양, 톤 등 방송의 기본요건을 향상시키기 위해 우선 나 자신의 평소 말하는 스타일을 파악해 보고 개선하는 것이 바람직하다.

세련된 기내방송의 바탕은 방송하는 사람의 말씨 수준과 연관성이 깊다. 평소에 주위 사람들을 상대로 바른말을 쓰려고 노력해 보라.

마주치는 사람마다 환한 미소를 지으며 "안녕하십니까" 하고 먼저 인사를 하고, 부탁할 때는 "죄송합니다만"으로 시작해 보라. 또 "감사합니다"는 늘 입에 담고 사는 생활태도가 몸에 배도록 해보라.

바르고 올바른 말과 태도는 하루아침에 이루어지는 것이 아니므로 일상생활에 있어 항상 의식적으로 실천하여 올바른 언어생활이 습관화되도록 노력해야 한다. 평소 자신의 음성과 말씨를 잘 다듬어야 좋은 언어습관이 생기게 되며, 이러한 언어습관이 방송할 때 충분히 묻어나게 된다.

방송을 잘하기 위해서는 선천적인 자질도 필요하나 더욱 중요한 것은 본인의 부단한 노력이다.

잘못된 발음이나 습관을 교정하지 않거나 특정 방송문만을 반복, 연습하기보다 방송문 내용의 의미를 파악하고, 방송 기본요령을 지켜가면서 다양한 방송문을 통해 자연스럽게 읽는 연습을 하는 것이 바람직하다.

평소에 철저한 연습을 하면서도, 방송 현장에서는 처음 보는 방송문을 대하듯 신중하고 성의 있게, 그리고 승객 한 사람 한 사람과 대화를 나누듯 부드럽고 친절하게 해야 한다.

In-flight Announcement 1·2·3

STEP

2

기내방송의 기초연습

STEP 2

기내방송의 기초연습

제1절 음성관리

1. 음성의 효과적 사용

미국의 심리학자 메라비언(A. Mehrabian)은, 같은 말이라도 목소리에 따라 의사전달 효과가 38%나 좌우된다고 하였으며, 하버드 대학에서의 연구에 따르면, 청중의 80% 이상이 말하는 사람의 목소리만으로 그 사람의 신체적·성격적 특성을 규정짓는다고 하였다. 목소리는 대중에게 메시지를 전하는 사람의 이미지를 결정짓는 중요한 요소가 되며, 의미전달 효과에도 큰 영향을 미치게 된다.

서비스맨에게 적합한 목소리는 밝고 명랑하면서 친근감 있는 목소리이다. 반면 작고 힘없어서 듣기 어려운 목소리, 톤이 지나치게 높아 듣기에 거슬리는 목소리, 날아가는 듯한 가벼운 목소리, 콧소리가 나거나 짜증 섞인 목소리 등은 좋지 않다.

이상적인 목소리는 맑고, 부드럽고, 거침이 없고, 톤과 음량이 적절하고, 듣기 편안한 속도의 목소리이다. 또한 낮고 차분하면서도 음악적인 선율이 있고, 느낌이 풍부한 소리가 듣기 좋은 목소리이다. 목소리는 기내방송에 있어서 가장 중요한 요소가 된다. 특히 음성적인 특성들, 즉 음의 높이, 음량, 속도, 질, 발음 등은 메시지 전달에 있어 매우 중요한 역할을 한다.

기내방송은 승객에게 편안하고 안전한 비행을 약속하고 신뢰감을 주는 음성표현이 바람직하다. 승객들은 친절하고 자신감 있는 승무원의 목소리를 듣고 싶어 할 것이다. 밝고 명랑한 목소리, 상냥하고 친절한 목소리는 세련되고 자신감 있는 직업인의 태도를 표현한다.

목소리를 메이크업(Make-up)하라

방송 담당자는 방송 내용을 자연스럽고 편안하게 전달할 수 있는 안정되고 자신감 있는 목소리를 위해 음성관리를 해야 한다.

목소리뿐만 아니라 말투 역시 중요하다. 웅얼거리는 말투는 듣는 사람에게 호감을 줄 수 없다. 또한 목소리의 질에도 신경을 써서 자신의 말이 신경질적이거나 짜증스럽게 들리지 않도록 주의한다.

방송은 말하는 사람의 얼굴은 보이지 않지만 목소리에 그 사람의 친절함과 따뜻함이 배어 있어야 한다. 사람들이 말을 할 때 미소를 지으면 그것이 목소리를 통해 그 미소까지 전달된다고 한다.

다음과 같이 목소리를 화장해 보라.

- 기초화장 : 호흡, 발성, 발음, 속도
- 색조화장 : 억양, 속도변화, 어조
- 향수 : 호감 가는 화법, 적절한 어휘의 선택

음성의 특징

바람직한 음성의 특징	개선해야 할 음성의 특징
· 밝고 명랑한 음성 · 친절하고 상냥한 음성 · 미소가 느껴지는 음성 · 부드럽고 친절한 음성 · 멜로디가 담긴 음성 · 중음 톤의 음성 · 탁 트인 힘 있는 음성	· 단조롭고 무기력한 가늘고 약한 음성 · 콧소리가 울리는 음성 · 소리가 너무 작거나 큰 음성 · 톤이 지나치게 낮거나 높은 음성 · 거칠고 쉰 듯한 음성 · 금속성의 날카로운 음성 · 유아적인 느낌의 음성 · 짜증 섞인 음성 · 성의 없는 음성(기계적이고 냉담한 음성)

2. 음성이미지 형성 요소

1) 억양

억양은 방송 문장을 읽을 때 중요한 단어를 강조하면서 강약, 어조에 변화를 주며 읽는 과정에서 자연스럽게 생긴다. 말이나 메시지를 강조하기 위해 음절을 조절할 경우 승객의 이해를 돕고 내용에 설득력이 있게 된다.

문장 말미는 뉴스를 진행하는 아나운서와 마찬가지로 적당히 톤을 내리는 것이 문장 끝이 높게 끝나는 경우보다 안정감과 신뢰감을 줄 수 있다.

2) 음의 높이

음의 높낮이는 메시지에 추가하여 의미를 판단하는 데 영향을 미칠 수 있다. 높은 어조(톤)는 듣는 사람으로 하여금 날카롭다고 느끼게 만들 수 있고, 너무 낮은 톤은 분위기를 무겁게 만들 수도 있으므로, 중간 정도의 톤으로 밝고 무게감 있는 것이 바람직하다.

흔히 서비스맨의 음성에 적합하다는 '솔'음의 높은 톤은 바람직하지 않다. 밝은 음성은 음의 높이로 표현하는 것이 아니기 때문이다.

3) 음량

일반적으로 음량의 변화는 감정을 나타내고 의도하지 않은 부정적인 메시지를 전달할 수도 있다.

방송의 음량이 너무 크거나 작지는 않은지 비행기 내 상황과 여건, 방송 전에 점검한 마이크의 성능에 따라 적절히 음량 정도를 조절한다. 마이크의 음량에 의존하여 너무 작게 소리를 내서도 안 되고, 기내가 울릴 정도로 너무 크게 내는 것도 바람직하지 않다.

4) 말의 속도

말의 속도는 듣는 사람이 메시지를 받고 정확하게 판단하는 데 영향을 미친다.

너무 빠르거나 느리지 않도록 적당한 속도로 조절하며 말해야 한다.

말이 빠른 경우 듣는 사람이 불안감을 느끼게 되며, 급하게 일을 빨리 처리하려는 것으로 들리기도 한다. 또 반대로 너무 느릴 경우 산만하고 주의집중이 되지 않으며 자신감이 없거나 성의 없는 것처럼 여겨질 수도 있다.

5) 목소리의 질

목소리의 질은 특히 듣는 사람의 반응에 영향을 미친다. 신경질적인 목소리, 거칠고 쉰소리, 콧소리, 금속성의 소리 등은 선천적인 부분이기도 하나 거슬리기 쉽기 때문에 이는 훈련이나 노력으로 충분히 개선함으로써 좋은 음질을 표현할 수 있다.

음성 요소

- **톤(tone)** : 감정이나 느낌을 표현하는 것
- **억양(inflection)** : 말을 강조하는 것. 메시지를 강화하기 위한 음절
- **음높이(pitch)** : 목소리의 높낮이와 깊이
- **속도(rate)** : 말하는 빠르기
- **볼륨(volume)** : 목소리의 크기와 부드러운 정도

3. 신뢰와 호감을 주는 음성 개발

보이스 트레이닝을 통한 효과적 소리내기

최근 취업 면접에 대비한 다양한 교육과 훈련프로그램이 각광받고 있다. 표정, 자세, 복장 외에도 목소리를 교육하는 '보이스 트레이닝'이 인기이다. 호감 가는 목소리는 외모에 못지않게 사람의 인상을 결정하는 중요한 요인 중 하나이기 때문이다. 특히 요즘 대부분의 사람들은 거의 문자메시지와 이메일로 소통하고 있어 큰 목소리로 이야기하는 데 익숙지 않다는 게 전문가들의 지적이다.

방송을 잘하기 위한 기본 요건은 소리를 잘 내는 것이며, 의미를 담은 소리(메시지)를 듣는 사람에게 잘 전달해야 하는 것이 방송이다. 그러므로 방송을 위한 기초훈련은 면접 대비 기초훈련과도 같은 것이다.

취업면접에 대비한 훈련은 실제 면접과 같은 상황을 정해, 상대가 무엇을 생각하는지 추측하면서 적절하게 반응하고 말 거는 연습을 하는 것이다. 이때 실제로 상대에게 목소리가 명확히 전달되어야 하는 것이다.

흔히 평소에도 비음 섞인 목소리를 내는 사람이 있는데, 이처럼 콧소리를 내는 사람은 말을 할 때 턱과 혀를 느슨하게 하고 목과 입을 열어 소리가 코로 나오는 대신 입으로 나도록 의식적으로 연습할 필요가 있다. 그리고 날카로운 목소리는 감정이 고조될 때 나오는 경향이 있는데, 자신이 평소에도 이와 같은 소리를 내고 있다고 스스로 인식되면 자세를 바로 하고 가슴을 진정시켜야 한다. 또한 의도적으로 내용에 맞게 천천히 띄어 말하면서 숨을 고르는 것도 좋은 방법이다.

신체가 피곤할 경우에는 음성도 거칠게 나오게 되며, 컨디션이 좋으면 스피치가 자연스럽고 즐거워진다. 호흡을 잘하게 되면 말할 때 마치 멀리 공을 던지듯 스피치의 전달력이 좋아질 것이다.

그러므로 승무원은 비행 전 충분한 휴식을 취해 두는 것이 좋으며, 비행근무 중이라도 피로가 쌓여 방송에 지장이 생기지 않도록 해야 한다. 목소리가 잘 나오지 않을 때에는 길게 숨을 쉬거나 충분한 휴식으로 성대에 무리가 가지 않도록 하며, 따뜻한 레몬차 등을 마시는 것이 좋다. 목에 점액을 만드는 맥주와 우유는 피하는 것이 좋다.

음성훈련

좋은 음성은 타고나는 것이기는 하지만 음성도 훈련을 통해 개발할 수 있다. 혹시 자신의 음성이 상대방에게 호감을 주기 힘들다고 느낀다면 음성훈련을 통해 이를 교정할 필요가 있다. 전문가의 도움을 받을 수도 있겠지만, 그렇지 않은 경우 충분히 자신만의 꾸준한 연습으로도 음성을 효과적으로 사용할 수 있다.

흔히 목소리는 그저 목에서만 나온다고 생각하나, 우리가 들이마신 공기가 말이 되어 나오기까지의 일련의 과정을 이해하면 목소리 역시 후천적인 영향이 크며, 훈련을 통해 얼마든지 교정할 수 있다는 것을 알게 될 것이다.

음성도 훈련 여하에 따라 충분히 맑고, 부드럽고, 거침이 없고, 톤과 음량도 적당하고, 속도도 상대방이 듣기에 매우 적절하게 될 수 있다. 호감을 주는 매력 있는 목소리는 단지 꾸며서 나오는 것이 아니다. 깊고 풍부한 목소리가 나오도록 평소에 발음연습과 복식호흡을 해야 한다.

자신의 목소리를 녹음해서 확인하기

목소리를 가꾸기 위해서는 우선 자신이 가지고 있는 목소리가 어떤 느낌인지 진단해 볼 필요가 있다.

녹음기에 자신의 목소리를 녹음해서 들어보라. 녹음을 해서 자신의 목소리를 들어보면 우선 자신이 생각해 오던 목소리와 다르게 들리고, 대부분이 마음에 들지 않거나 깜짝 놀라고 어색한 느낌이 들것이다.

이는 내가 듣는 나의 목소리는 신체의 공명을 통해 신체 내부에서 듣는 것이지만, 타인이 내 목소리를 들을 때는 신체의 공명을 뺀 소리를 듣게 되기 때문이다.

자신의 목소리를 자신이 듣게 될 경우, 두개골 내에서 약간의 울림을 거친 후 듣게 되기 때문에 타인에게 들리는 음성보다 약간 낮은 톤으로 인식된다.

따라서 자신의 목소리를 녹음해서 들으면 타인이 듣는 나의 목소리를 들을 수 있다. 이를 통해 남이 듣는 나의 목소리가 어떠한지 정확하게 알고, 더욱 듣기 좋은 소리로 개선해 나가도록 한다. 그리고 그 목소리를 향상시킬 수 있는 방법을 생각해 본 후 다시 녹음하여 들어보라. 자신의 목소리를 반복해서 들으면서 발성과 발음연습을 하면 몰라보게 향상될 것이다.

목소리 녹음 평가

- 녹음을 듣고 해당하는 위치에 체크하시오.

밝은						어두운
기쁜						우울한
친절한(부드러운)						딱딱한
안정적인						들뜬(불안정한)
리듬이 있는						단조로운
발음이 정확한						정확하지 않은
속도가 적절한						느린/빠른

제2절 복식호흡법

1. 호흡훈련

호흡을 가다듬어라

소리를 내는 발성은 호흡방식과 불가분의 관계를 가지고 있다. 방송을 할 때 자신이 지닌 목소리의 개성을 최대한 발휘하고 전문가다운 세련된 목소리를 내기 위하여 기본적으로 호흡훈련이 필요하다.

호흡은 발성의 원동력이기 때문에, 호흡방식에 따라 개인이 지니고 있는 목소리의 개성을 돋보이게 하고 매력적으로 변화시켜 타인에게 호감을 주는 목소리로 개선할 수 있다.

호흡방식 중 가슴으로 하는 호흡에 의한 목소리와 복식호흡에 의한 목소리는 음질에서 큰 차이를 나타낸다. 세련된 목소리를 구사하기 위하여, 또는 가슴호흡에 의한 잘못된 발성을 고치기 위하여 복식호흡방식을 익히고 복식호흡에 의한 발성기술을 습득할 필요가 있다.

복식호흡을 생활화하라

좋은 소리를 내려고 일부러 노력하면 안 된다. 목소리를 의식할 경우 혀가 굳어 목이 닫히면서 소리가 제대로 나오지 않기 때문이다. 대신 편안하게 몸을 이완시키고 복식호흡을 여러 번 함으로써 소리가 자연스럽게 나오도록 하는 것이 중요하다.

좋은 목소리의 첫 번째 비밀은 복식호흡에 있다. 복식호흡이란 가슴 위로 쉬는 얕은 호흡이 아니라 공기를 배로 보내며 깊게 쉬는 심호흡을 말한다.

방송이나 스피치에서의 호흡법은 숨을 들이마시면 배가 자연스럽게 나오고 말을 할 때에는 배에 힘이 들어가는 복식호흡이 바람직하다.

복식호흡을 하면 중저음의 안정적인 목소리를 만들 수 있다. 또한 성대의 과도한 긴장을 줄여 성대 접촉이 잘되고 공명이 많은 소리를 만들기 때문에 음성의 호감도를 높인다. 또한 호흡량이 많아져서 스피치 속도를 잘 조절할 수 있고 여유 있게 스피치를 할 수 있다.

우리가 평상시에 하는 호흡은 가슴에서 얕게 하는 흉식호흡이다. 이 호흡은 어깨와 가슴 등 움직이는 부위가 넓어 에너지 소모가 많고, 한번에 들이마시는 폐활량은 적어 빈약하고 조급한 목소리를 내고, 여러 번 반복하면 숨이 차고 힘들어진다. 그렇기 때문에 짧은 스피치에도 목이 쉽게 잠기는 것을 볼 수 있다.

호흡을 위한 바른 자세

음성을 효과적으로 사용하기 위한 기본 전제가 바른 자세이다. 자세를 똑바로 하는 것은 목소리에도 좋은 영향을 준다. 좋은 목소리를 내기 위해서는 몸을 일직선으로 곧게 편 상태에서 턱을 당기고 어깨와 가슴은 활짝 펴고 배를 집어넣는 것이다. 이때 목이 지나치게 앞으로 빠지지 않게 하는 것도 중요하다. 방송할 때 서 있는 자세라면 양쪽 다리에 체중을 균형 있게 배분하는 것이 중요하다. 그리고 좌석에 앉아서 방송할 때에는 다리를 꼬지 않도록 한다.

다음과 같이 호흡을 위한 기본자세를 취해 본다.

① 전신거울 앞에 서서 다리를 골반 너비 정도로 벌려 안정감 있게 선다.

② 등과 허리, 머리가 일자가 되도록 바르게 편다.

③ 턱은 내리지도 들지도 말고, 바닥과 평행을 이루게 하여 양발에 고르게 체중을 싣는다.

→ 이 자세에서는 가슴이 넓게 펴짐과 동시에 목구멍과 입안 공간이 넓어져서 아름답고 좋은 목소리가 나올 수 있다.

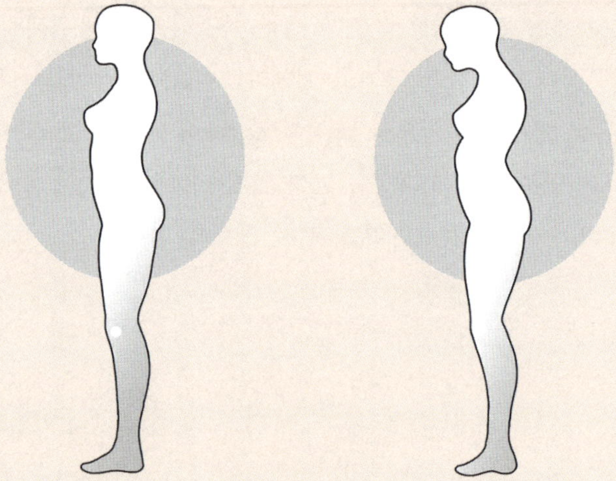

2. 복식호흡 훈련

1) 기초단계

■ 복식호흡 익히기 1

복식호흡은 숨을 들이마셨을 때 가슴이 아닌 배가 부풀어오르고, 내쉬었을 때 배가 쏙 들어가는 호흡이다.

다음과 같이 복식호흡 기초훈련을 해보자.

① 바르게 선 자세에서 코로 숨을 서서히 들이마시면서 공기를 배로 내려보낸다.

② 들이마신 공기를 내쉴 때는 입으로 '푸~~~~~~~~' 하고 내쉰다.

③ 가슴이 들썩거리지 않도록 주의한다.

④ 10회 반복한다.

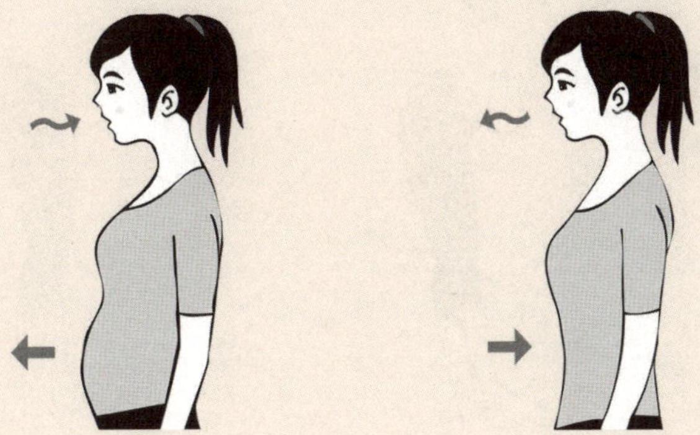

■ 복식호흡 익히기 2

위의 방법이 쉽지 않다면 선 상태에서 몸을 구부려 호흡하는 방법을 따라 해보자.

① 다리를 골반 너비 정도로 벌리고 아랫배에 손을 얹은 상태로 숨을 깊게 들이마신다.

② 배가 부풀어오르는지 확인한다.

③ 서서히 허리를 직각으로 숙이면서 숨을 내쉰다.

④ 완전히 숙였을 때 잠시 호흡을 멈춘다.

⑤ 다시 허리를 펴면서 천천히 숨을 들이마신다.

⑥ 10회 정도 반복한다.

2) 자세를 이용한 복식호흡

■ 복식호흡 익히기 : 누운 자세

갓난아이들이 울면서 하는 호흡이 복식호흡이다. 누운 자세로 연습하면 가장 쉽게 적용할 수 있다. 어깨와 등이 바닥에 닿아 있기 때문에 배만 움직이기가 훨씬 쉽다.

① 편안한 상태로 누워서 두 손을 아랫배에 가볍게 올려놓는다.

② 4초간 들이마시고, 8초간 내쉬어 본다.

③ 4초간 들이마시고, 4초간 호흡 멈추기, 4초간 내쉬기 한다.

④ 2초간 들이마시고, 4초간 내쉬기 한다.

⑤ 빠르게 들이마시고, 길게 내쉬는 연습을 한다.

■ **복식호흡 익히기 : 앉은 자세**

앉은 자세로 호흡 연습을 할 때는 눈을 감고 조용히 배에 집중하면서 호흡해 본다.

① 허리를 펴고 양반다리로 앉는다.

② 손을 배에 얹고, 숨이 자연스럽게 나가고 들어오는 것을 느껴본다.

③ 4초간 들이마시고, 8초간 내쉬어본다.

④ 4초간 들이마시고, 4초간 호흡 멈추기, 4초간 내쉬기 한다.

⑤ 2초간 들이마시고, 4초간 내쉬기 해본다.

⑥ 빠르게 들이마시고, 길게 내쉬는 연습을 한다.

■ 복식호흡 익히기 : 의자에 앉은 자세

의자에 앉아 서서히 허리를 굽히는 자세로 호흡을 연습한다.

① 의자에 등을 붙이고, 바르게 앉는다. 다리는 어깨 너비로 벌린다.

② 손은 배 위에 얹고, 상체를 뒤로 젖히면서 호흡을 길게 들이마신다.

③ 들이마신 호흡은 윗몸을 앞으로 천천히 숙이는 동작을 하면서 내쉰다.

④ 10회 정도 반복한다.

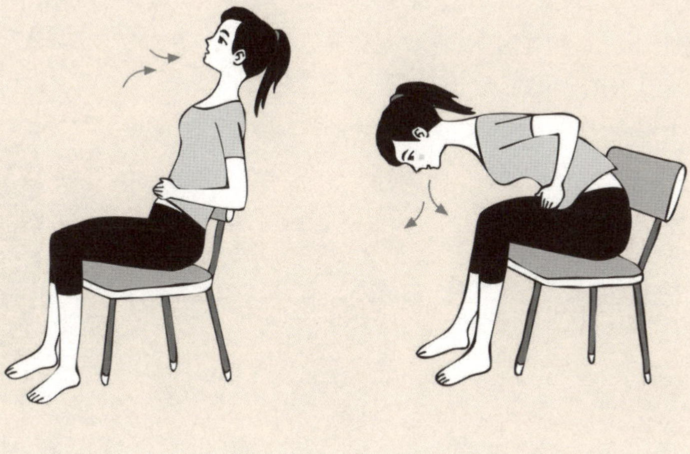

3) 도구를 이용한 복식호흡 연습

■ 복식호흡 익히기 : 풍선 이용

풍선으로 쉽게 복식호흡을 연습할 수 있다. 풍선을 우리의 배라고 생각하고 연습하면 이해가 쉬워진다. 풍선에 공기가 들어가면 부풀어서 빵빵해지고, 공기가 빠져나가면 홀쭉해지는 것처럼 배가 움직이면서 공기의 양을 조절하는 것이다.

① 풍선을 준비한다.

② 다리를 골반 너비 정도로 벌리고 숨을 깊게 들이마신다.

③ 이때 배에 공기가 들어가도록 한다.

④ 한번의 숨으로 풍선을 길게 불어본다.

⑤ 반복하여 풍선 불기

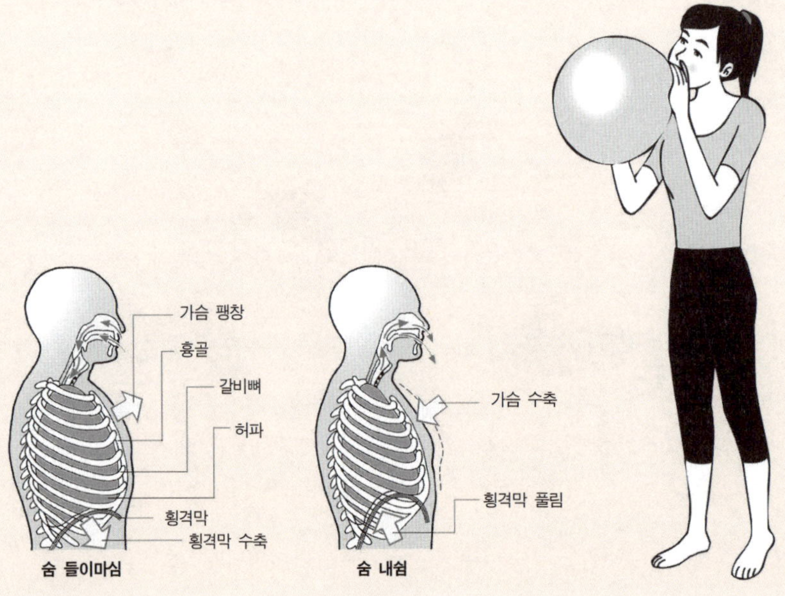

■ 복식호흡 익히기 : 페트병 이용

빈 페트병을 이용하여 복식호흡을 연습해 보자. 입으로 페트병 입구를 완전히 막은 다음 소리를 질러본다. 소리가 나지 않기 때문에 힘을 주려고 공기를 마시게 되며, 입이 페트병을 막고 있어 코로 숨을 쉬게 된다. 이 방법은 올바른 발음연습에도 효과적이다.

① 페트병 입구를 입으로 완전히 감싼다.

② 병 입구를 앞니로 깨물지 않도록 주의하면서

③ '아, 이, 우, 에, 오'를 발음한다. (이때 병 밖으로 소리가 빠져나가지 않도록 주의)

④ '가, 기, 구, 게, 고', '나, 니, 누, 네, 노', '다, 디, 두, 데, 도'… 등을 위와 같은 요령으로 훈련한다.

■ 복식호흡 익히기 : 휴지 이용

바른 자세로 서서 휴지 한 장을 양손으로 잡고 코 앞에 댄다. 숨을 들이마시고 휴지를 불면서 호흡을 연습한다.

① 어깨 너비로 다리를 벌리고, 바른 자세로 선다.

② 휴지 한 장을 양손으로 들고 코 앞에 댄다.

③ 숨을 깊게 들이마시고, 입으로 바람을 내어 휴지를 분다.

④ 지속적으로 숨을 마시고, 잡고 있는 휴지를 불어본다.

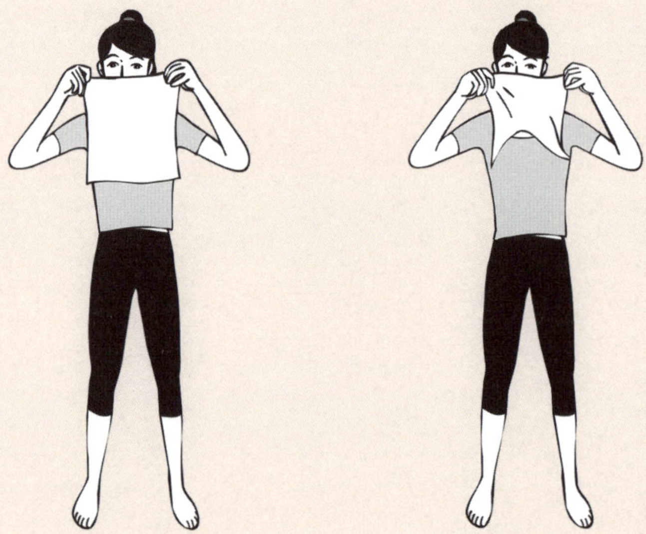

■ **복식호흡 익히기 : 탁구공 이용**

탁구공과 나무젓가락을 준비한다. 나무젓가락을 입에 물고 그 위에 탁구공을 올려놓는다. 숨을 들이마셨다가 불면서 공을 앞으로 밀어내는 연습이다.

① 다리를 어깨 너비로 벌리고, 바른 자세로 선다.

② 나무젓가락 두 개를 하나씩 물고, 그 위에 탁구공을 올려놓는다.

③ 숨을 깊게 들이마시고, 바람을 불어 탁구공을 앞으로 밀어본다.

④ 숨을 들이마실 때 공이 다시 되돌아올 것이다.

⑤ 반복하여 호흡하면서 공을 앞으로 보낸다.

제3절 발성법

호흡훈련을 충분히 실행한 후 이제 발성을 해보도록 한다. 발성할 때 성대는 상·하, 좌·우로 움직이며 진동을 하는데, 성대의 진동 수에 따라 목소리의 높낮이가 결정되고 진동 수가 많을수록 음의 높이는 올라가게 된다. 또한 성대가 얼마만큼 열리느냐에 따라 목소리의 크기가 결정된다.

복식호흡을 이용하여 발성하면 배로 공기의 양을 조절하므로 목에는 힘이 들어가지 않으면서 배로부터 나오는 풍성하면서 힘이 넘치는 음성이 만들어진다.

다음의 발성훈련 방법들을 활용해 보자.

발성훈련 1

① 열까지 세며 서서히 숨을 들이마시고, 같은 속도로 서서히 숨을 내쉰다.

② 같은 속도로 깊이 서서히 숨을 들이마신다.

③ '아' 하는 소리를 내며 같은 속도로 숨을 내쉰다.

④ 연습을 거듭하면서 '아' 하는 소리를 오래 할 수 있도록 한다.

발성훈련 2

① 무릎을 약간 구부리고 허리를 천천히 숙인다.

② 팔은 힘을 뺀 채 축 늘어뜨리고 어깨와 목의 긴장도를 푼다.

③ 이 자세에서 천천히 복식호흡을 한다.

④ 숨을 들이마시고, 천천히 숨을 내쉬면서 5초간 '아~~~~~' 발성을 해본다.

⑤ 10초, 15초 늘리면서 '아~~~~~~' 하고 발성한다.

발성훈련 3

① 선 자세에서 한쪽 다리를 가볍게 든다.

② 그 상태로 복식호흡을 한다.

③ 시선을 멀리 두고 먼 곳에 있는 사람에게 전달하는 느낌으로 글을 읽어본다.

1. 정확한 발음하기

정확한 발음은 정보를 전달하거나 의사소통할 때 전달력을 높이는 매우 중요한 요소이다.

말소리는 크게 자음과 모음으로 나뉜다. 음성학적으로 보면 자음은 조음기관이 맞닿거나 마찰이 생길 정도로 서로 가까이 접근해서 내는 소리이고, 모음은 그러한 조음기관의 접촉이나 마찰 없이 허파에서 나오는 공기를 자유로이 통과시키며 내는 소리이다.

한국어의 경우 발음 음가는 모음 음가가 21개, 자음 음가가 19개로 총 40개의 음가를 가지고 있다. 그중에서도 정확한 발음을 좌우하는 것은 모음의 음가에 달려 있다. 모음의 발음, 장·단음 처리, 받침의 발음법 등을 정확히 변별하여 발음하면 의미의 전달이 더욱 확실해진다.

2. 발음 연습

정확한 발음은 입의 벌림 정도(입술 움직임)와 혀 움직임의 조화로부터 나온다. 간혹 문장의 뒷부분은 입안에서 우물우물하면서 발음해 버린다거나, 입을 충분히 벌리지 않는다거나, 혹은 콧소리나 거칠고 쉰 목소리 때문에 발음을 알아들을 수 없는 경우가 있다. 이는 대개 호흡조절이나 부정확한 발음습관에 기인하는 경우가 많은데, 이러한 문제는 평소 훈련을 통해 상당부분 교정이 가능하다.

발음을 분명하고 정확하게 하려면 말끝을 흐리지 않고 분명하게 말하는 훈련을 통해서 일정기간 발성연습을 하는 것이 좋다. 직접 소리내어 읽는 훈련으로 발음, 숨쉬기, 억양을 모두 교정할 수 있다.

발음에 있어서 말의 빠르기나 크기도 중요하게 같이 고려되어야 할 요소이다. 말의 빠르기나 크기는 듣는 사람이 자연스럽게 들을 수 있도록 적당한 변화를 주면서 조절해 갈 필요가 있다.

다음과 같은 방법들을 활용해 보라.

평소에 할 수 있는 발음 향상 방법

- '도레미파솔라시도'를 통해 음성을 조절하는 연습을 하고, '아에이오우'를 반복적으로 외치면서 안면근육을 풀어준다. 특히 '오'와 '우'의 발음을 분명하게 하는 것이 중요하다.

- 하루에 30~50회 '음음음, 험험험'을 하라. 이 방법은 미국의 발성치료사 모턴 쿠퍼(Morton Cooper) 박사가 개발한 음성기법인데, 처음 '음음음'은 비음을 내고 크게 '험험험' 하고 외치는 것이다. 발성연습하는 데 많은 도움이 될 것이다.

- 또박또박 발음을 낼 수 있는 연습으로 나무젓가락이나 볼펜을 입에 물고 책을 소리내어 읽는 방법이 있다. 이때 횡격막을 단련시켜 자연스럽게 복식호흡이 될 수 있도록 한쪽 다리를 제기 차는 포즈로 들어주고, 먼 곳에 얘기한다는 기분으로 또박또박 책을 읽어보라.

- 입을 크게 벌리고 배에서 울리는 소리로 복식호흡을 하면서 하루 10분 이상 책을 읽어보라. 발음이 크게 향상될 것이다. 문장을 소리내어 읽기 전에 숨쉴 곳과 강조할 곳에 표시를 해둔다. 소리내어 읽을 때 과장해서 크게 숨을 쉬고, 강조할 곳에서 억양을 올려 강하게 발음하는 훈련을 한다.

발음훈련 : 가나다라 발성법

가 구 거 고 그 기 갸 교 겨 규

나 누 너 노 느 니 냐 뇨 녀 뉴

다 두 더 도 드 디 댜 됴 뎌 듀

라 루 러 로 르 리 랴 료 려 류

마 무 머 모 므 미 먀 묘 며 뮤

바 부 버 보 브 비 뱌 뵤 벼 뷰

사 수 서 소 스 시 샤 쇼 셔 슈

아 우 어 오 으 이 야 요 여 유

자 주 저 조 즈 지 쟈 죠 져 쥬

차 추 처 초 츠 치 챠 쵸 쳐 츄

카 쿠 커 코 크 키 캬 쿄 켜 큐

타 투 터 토 트 티 탸 툐 텨 튜

파 푸 퍼 포 프 피 퍄 표 펴 퓨

하 후 허 호 흐 히 햐 효 혀 휴

정확한 발음 연습

다음 문장들을 정확히 발음해 보자.

- 저기 저 콩깍지가 깐 콩깍지냐? 안 깐 콩깍지냐?
- 저기 저 말뚝이 말을 맬 수 있는 말뚝이냐? 말을 맬 수 없는 말뚝이냐?
- 저분은 백 법학 박사이고 이분은 박 법학 박사이다.
- 한영 양장점 옆 한양 양장점, 한양 양장점 옆 한영 양장점
- 강낭콩 옆 빈 콩깍지는 완두콩 깐 빈 콩깍지고, 완두콩 옆 빈 콩깍지는 강낭콩 깐 빈 콩깍지이다.
- 간장 공장 공장장은 강 공장장이고, 된장 공장 공장장은 장 공장장이다.
- 멍멍이네 꿀꿀이는 멍멍해도 꿀꿀하고 꿀꿀이네 멍멍이는 꿀꿀해도 멍멍한다.
- 내가 그린 구름 그림은 새털구름 그린 그림이고 네가 그린 구름 그림은 뭉게구름 그린 그림이다.
- 작년에 온 솥장수는 새 솥장수이고 금년에 온 솥장수는 헌 솥장수이다.
- 상표 붙인 큰 깡통은 깐 깡통인가? 안 깐 깡통인가?
- 서울특별시 특허허가과 허가과장 허과장
- 우리집 옆집 앞집 뒷 창살은 홑 겹창살이고 우리집 뒷집 앞집 옆창살은 겹 홑창살이다.
- 신진 샹송 가수의 신춘 샹송 쇼
- 우리집 깨 죽은 검은깨 깨죽인데 사람들은 햇콩 단콩 콩죽 깨죽 죽 먹기를 싫어하더라.

밝은 목소리 연습

똑같은 인사말이라도 웃으면서 하는 인사와 그렇지 않은 인사는 분명히 차이가 있다. 실제로 웃는 얼굴을 하면서 내는 목소리는 가장 부드럽고 따뜻하게 들린다.

다음을 연습해 보자.

- 매우 화가 난 듯한 낮은 목소리로 "안녕하십니까"를 발성해 본다. 아마 목에서 부자연스럽게 나오는 발성으로 어색할 것이다.
- 이번에는 눈썹을 잔뜩 찌푸려 화가 난 표정을 지어 "안녕하십니까"를 발성해 본다. 역시 어색한 목소리가 흘러나올 것이다.
- 그렇다면 눈썹을 위로 동그랗게 긴장시킨 후 웃는 표정을 지으며 밝은 목소리로 "안녕하십니까"를 발성해 본다. 아주 자연스럽게 밝은 목소리가 흘러나올 것이다.

이와 같이 밝은 목소리는 밝은 표정에서 나온다. 그러므로 누구에게나 항상 밝고 즐거운 목소리를 건네줄 수 있는 밝은 마음을 가질 수 있도록 노력해야 한다.

다음의 방송 문장들을 밝은 목소리로 읽어보자.

- "손님 여러분, 안녕하십니까?"
- "탑승을 진심으로 환영합니다."
- "즐거운 여행 되시기 바랍니다."

STEP

3-1

기내방송문 연습(한국어)

STEP 3-1
기내방송문 연습(한국어)

제1절 한국어 방송의 기법

1. 정확한 발음

한국어 방송은 특히 다음 사항에 유의하여 청량감 있고 자신감 있는 밝은 목소리로 또박또박 명확하게 읽도록 한다.

장·단음을 구별한다

우리말은 한자어에서 유래되었기 때문에 한자의 뜻에 따라 장·단음이 정확해야 한다. 말(馬)을 말 : (言)처럼 길게 발음하거나 눈(眼)을 눈 : (雪)처럼 길게 발음하면 그 뜻이 완전히 달라진다.

평소에 장·단음을 정확히 발음하는 습관을 들이면 전체의 문장에서 흘러나오는 느낌도 세련되게 표현되며, 문장의 내용을 더욱 정확히 전달할 수 있다.

다음 단어들의 장음을 연습해 보자.

감:사합니다

변:함없이

좌:석벨트

예:정된

이:륙 후

안:내말:씀 드리겠습니다.

➜ 주의할 점은 장음의 길이가 너무 길어져 부자연스럽지 않도록 하는 것이다. 지나치게 길게 읽기보다는 해당 음절을 명확하게 발음하여 의미를 정확하게 한다는 느낌으로 읽는다.

그 외 장음 연습

이:용	계:신	보:관
언:제든지	계:속해서	화:면
전:자제품	면:세품	조:심
품:질	원:하시는	말:씀
사:용	마:시기	없:으니

잠:시	선반 속:에	예:정
변:화로	매:주시기	음:료
못:하신	여:실 때는	도:착
운:영	문:의사:항	상:영
전:원	주머니 속:에	최 :선

이중모음에 주의한다

이중모음에는 'ㅑ, ㅒ, ㅕ, ㅖ, ㅘ, ㅙ, ㅛ, ㅝ, ㅞ, ㅠ, ㅢ'의 11개가 있으며, 그 외 'ㅚ, ㅟ'를 이중모음으로 발음한다.

단어의 명확한 전달을 위해 이중모음에 주의해서 읽는다.

일반적으로 모음의 소리값으로 표준말과 사투리의 차이를 알 수 있다.

다음과 같은 이중모음의 발음에 유의한다.

좌석 → '자석' (×)

보관 → '보간' (×)

회원사 → '해언사' (×)

변화 → '변하' (×)

외화 → '외하' (×)

귀국 → '기국' (×)

이중모음 발음이 잘 안 된다는 생각이 들면, 먼저 모음을 하나씩 발음하는 연습을 한 후 다시 단어를 읽어보도록 한다.

다음 단어들을 통해 연습해 보자.

확인 → [학인] (×)	지정된 → [지정댄] (×)
관해 → [간해] (×)	화면 → [하면] (×)
기류변화 → [기루변하] (×)	탑재된 → [탑재댄] (×)
제공되는 → [제공대는] (×)	승무원 → [승무언] (×)
화장실 → [하장실] (×)	영화 → [영해] (×)
미화 → [미해] (×)	탑승권 → [탑씅건] (×)
지상 직원 → [지상지건] (×)	전원 → [전언] (×)
최선 → [채선] (×)	~되시기 → [~대시기] (×)

이중모음 '의' 발음

'의' 발음은 첫 음절에서는 제 음가대로 발음된다. [의] 소리에서 시작하여 재빨리 [이] 소리로 옮겨 소리낸다.

의사, 의무실, 의자, 의논, 의리, 의문, 의롭다, 의심하다, 의젓하다

그러나 자음을 첫소리로 가지고 있는 음절의 '의'와 단어의 첫음절 이외의 '의'는 [ㅣ]로 발음하고, 조사 '의'는 [ㅔ]로 발음한다.

주의 → [주이]
문의 → [무니]
유의 → [유이]
문의사항 → [무니사항]

비행기의 → [비행기에]
선반 위의 → [선반 위에]
여러분의 탑승 → [여러분에 탑씅]
영화의 제목 → [영화에 제목]

'ㅎ' 발음에 주의한다

'ㅎ'을 'ㅇ'처럼 발음하는 경우가 많다. 단어의 'ㅎ' 발음에 주의해서 명확히 소리내면 전달력이 높아지고 세련된 방송이 가능하다.

다음에 나오는 단어들을 'ㅇ'처럼 발음하지 않도록 한다.

비행기 → [비앵기] (×)

보관해 주시고 → [보관애 주시고] (×)

공동운항 → [공동운앙] (×)

출발하겠습니다 → [출발아겠습니다] (×)

감사합니다 → [감사압니다] (×)

사용하실 수 → [사용하싯 수] (×)

그 외 다음 단어들을 연습해 보자.

안전한	조심해	비행시간
필요하시면	안내해 드리겠습니다	계속해서
보관해	변화로	이용해
여행	영화	화면
기류변화	문의사항	대단히
저희	위해	변함없이
양해해	잠시 후	사용하신

습관적으로 경음화해서 읽지 않는다

경음화란, 앞소리의 영향을 받아 뒷소리인 평음 'ㄱ', 'ㄷ', 'ㅂ', 'ㅅ', 'ㅈ'이 [ㄱ → ㄲ, ㄷ → ㄸ, ㅂ → ㅃ, ㅅ → ㅆ, ㅈ → ㅉ]로 경음화되어 발음되는 것을 말한다.

경음화 현상 외에 습관적으로 발음을 경음화해서 하는 경우가 있다. 이런 경우 정확한 내용 전달이 어렵고, 세련된 느낌이 들지 않는다.

다음에 나오는 단어들을 강하게 발음하지 않도록 유의한다.

자동적 → [자동쩍] (×)

선반 속에 있는 → [선반 쏙에 있는] (×)

간단한 → [간딴한] (×)

참고로 → [참꼬로] (×)

읽고 → [익꼬] (×) [일꼬] (○)

면세품 → [면쎄품] (×)

다음 단어를 연습해 보자.

항공법 → [항:공뻡]

탑승 → [탑씅]

앞주머니 → [압쭈머니]

목적지 → [목쩍찌]

덮개 → [덥깨]

연음법칙으로 자연스럽게 읽는다

앞 음절의 받침에 모음으로 시작되는 형식 형태소가 이어지면, 앞의 받침이 뒤 음절의 첫소리로 발음되는 음운법칙이다. 즉 앞 음절 자음이 뒤 음절의 자리로 이동하여 발음되는 것을 말한다. 연음법칙은 엄격하게 말하면 소리의 변동이라고 볼 수 없으며, 발음이 나는 위치만 달라지는 것이다.

천천히 단어를 읽어보자.

좌석 밑에 → [좌석 미테]

앉아 → [안자]

읽고 → [일꼬]

다음 단어를 연습해 보자.

열 어	필요하시면
문 의	선반을
밑이나	선반 속에

2. 자연스러운 구어체 억양

평소에는 자연스럽게 하는 말인데도 불구하고, 방송문을 읽을 때는 정확하게 발음한다는 생각에서 음절 단위로 발음하는 경우가 많다. 책 읽는 것처럼 딱딱하고 변화 없이 단조롭게 방송을 한다면 듣는 사람은 지루할 뿐만 아니라 감정이 제대로 전달되지 않는다.

'좌 석 벨 트 를 매 주 시 기 바 랍 니 다'처럼 음절마다 힘을 주어 책을 읽는 듯한 방송이 아니라, 승객 한 분 한 분에게 친절하게 '벨트 매주십시오' 하고 말하듯 편안하고 자연스런 구어체 억양이 되도록 방송한다.

"좌석벨트를 / 매˘주시기 바랍니다."

그리고 말을 할 때도 내가 말하고자 하는 중요한 내용을 강조하여 억양을 살려 말하듯이, 방송을 할 때도 방송문이 전달하고자 하는 핵심 내용은 억양을 살려 읽는다.

- "손님 여러분, **서울인천국제공항**에 **도착**했습니다."
- "현재 이곳 **시간**은 오전(오후) **11시 10분**입니다."

→ key word인 서울인천국제공항, 도착, 시간, 오전(오후) 11시 10분을 강조하여 읽으면 자연스러운 억양이 생길 것이다.

3. 안정감 있는 톤(Tone), 음량(Volume), 속도(Speed)

기내방송은 정확한 정보의 전달이 무엇보다 중요하다.

유창한 방송이라 해도 볼륨이 너무 작아 알아들을 수 없거나 너무 커서 승객의 휴식에 방해가 되어서는 안 된다.

그러므로 밝고 경쾌하며 친절한 방송이 될 수 있도록 하며, 안정감 있는 톤과 볼륨, 적절한 속도를 유지하는 것이 중요하다.

기내방송은 항공기 내 마이크를 사용하여 방송하므로, 항공기종별로 미리 마이크 상태를 점검한다.

- "안내말씀˘ 드리겠습니다."
- "기류변화로 / 비행기가˘ 흔들리고 있습니다."
- "여러분의 안전을 위해 / 자리에 앉아˘ 좌석벨트를 매˘ 주시기 바랍니다."
- "감사합니다."

4. 의미 단위로 끊어 읽기

기내방송에 있어서는 방송문을 적절히 띄어 읽는 것을 통해 중요한 내용을 강조할 수 있으며 명확하게 정보를 전달할 수 있다.

Pause는 문장의 절, 문장 성분을 구분하므로 문장 간의 호응관계, 강조해야 할 어구나 단어 앞 Pause를 적절히 이용한다.

또한, Pause를 둘 때는 띄어쓰기 단위가 아닌 의미 단위대로 끊어 읽어야 의미 전달력이 높아지며, 유창하게 들릴 수 있다.

- "이 비행기는 / ○○○까지 가는 / ○○항공 / ○○○편입니다."
- "목적지까지의 비행시간은 / 이륙 후 / 0시간 00분으로 예정하고 있습니다."

5. 표현력 있는 전달

방송문은 내용상 서비스맨인 승무원의 승객에 대한 감사, 사과, 부탁 등의 감정 표현이 들어가 있는 문장이 많다. 기내방송도 객실서비스의 일부이니만큼 이러한 문장들은 최대한 표현력을 살려 마음이 전달되도록 읽어야 한다.

- "한 분 한 분 특별히 모시는 마음으로…"
- "깊은 감사를 드립니다."
- "양해해 주시기 바랍니다."
- "대단히 죄송합니다."

6. 읽는 법

숫자

숫자는 한 자리 단위로 끊어서 읽는다.
0은 '공'으로 읽는다.

- 123편 : 일 이 삼 편 (백이십삼편으로 읽지 않는다)
- 702편 : 칠 공 이 편 (칠백이편으로 읽지 않는다)
- 001편 : 공 공 일 편 (영영일편으로 읽지 않는다)

공항 명칭

국제선, 국내선 Flight 공히 '도시명 + 공항 공식명칭' 순으로 표현한다. 단 지역명이 중복되는 경우에는 공항명만 실시한다.

- ICN : 서울 인천국제공항
- JFK : 뉴욕 존 에프 케네디 국제공항
- CDG : 파리 샤를 드 골 국제공항
- LHR : 런던 히드로 국제공항

제2절 한국어 방송 예문 연습

Baggage Securing

손님 여러분, /

_____까지 가는 / ○○항공 __________편을 이용해 주셔서 감사합니다.

안전한 여행을 위해, / 갖고 계신 짐은 / 앞 좌석 아래나

선반 속에 보관해 주시기 바랍니다.

감사합니다.

- 목적지, 편명을 여유 있는 속도로 또렷하게 강조하여 읽습니다.
- '이용해 주셔서 감사합니다.' : 환영과 감사의 감정을 담아 읽어주세요.
- '안전한 여행을 위해~' : 'ㅎ' 발음이 연이어 나오는 구문 주의. [안전안 여앵을 위애]가 되지 않도록 합니다.
- '갖고 계신 짐은' : [각고계신]으로 들리지 않도록 받침 발음에 주의하여 읽습니다.
- '좌석', '보관' : 이중모음인 동시에 장음. [자석], [보간]으로 발음하지 않도록 하세요.

Welcome

손님 여러분, 안녕하십니까?

이 비행기는 (~를 거쳐) _____까지 가는 / ㅇㅇ항공 __________편입니다.

목적지인 _____공항까지의 비행시간은 / 이륙 후 ____시간 ____분으로 예정하고 있습니다.

오늘 / (Full Name) 기장을 비롯한 저희 승무원들은 / 여러분을 _____까지 정성껏 모시겠습니다.

도움이 필요하시면 / 언제든지 저희 승무원을 불러주십시오.

즐거운 여행이 되시기 바랍니다.

감사합니다.

- 목적지 도시, 편명, 비행시간이 주요 전달 내용입니다.
- '저희', '안녕하십니까?', '비행기' : 'ㅎ' 발음을 정확하게 합니다.
- '안녕하십니까?', '정성껏', '공항' : [안녀하십니까?], [정서껀], [고항]처럼 받침을 빼고 발음하지 않도록 합니다.

Seat belt Sign Off

손님 여러분,

방금 좌석벨트 표시등이 꺼졌습니다.

그러나 비행 중에는 / 기류 변화로 / 비행기가 갑자기 흔들리는 경우가 있습니다.

안전한 비행을 위해, / 자리에 앉아 계실 때나 주무시는 동안에는 / 항상 좌석벨트를 매고 계시기 바랍니다.

그리고 선반을 여실 때는 / 안에 있는 물건이 떨어지지 않도록 조심해 주십시오.

- '좌석벨트' 'ㄹ'받침 발음에 주의 : [좌석베트]가 되지 않도록
  '앉아 계실 때' 'ㄹ'받침 발음에 주의 : [계시 때]가 되지 않도록
  '여실 때는' 'ㄹ'받침 발음에 주의 : [여시 때는]으로 읽지 않도록 하세요.
- '기류 변화'는 모음에 유의 : [기루 벼나]가 되지 않도록 주의하세요.
- 적절한 끊어 읽기로 의미를 보다 정확하게 전달하세요.
  '자리에 앉아 / 계실 때나'보다는 '자리에 / 앉아 계실 때나'
  '좌석벨트를 매고 / 계시기 바랍니다.'는 '좌석벨트를 / 매고 계시기 바랍니다.'로 읽어주세요.

Movie

손님 여러분,

잠시 후 / 영화를 상영하겠습니다.

보실 영화의 제목은 / _______입니다.

창문 덮개를 내리면 / 화면을 더욱 선명하게 보실 수 있습니다.

그리고 비행 중에는 / 예상치 못한 갑작스런 기류 변화로 / 비행기가 흔들릴 수 있습니다.

여러분의 안전을 위해 / 자리에서는 항상 좌석벨트를 매고 계시기 바랍니다.

- '영화 제목'을 강조하여 읽도록 합니다.
- '영화'는 [영와] 또는 [영하]로 발음되지 않도록 주의하세요.
- '흔들릴 수 있습니다' : 'ㄹ'받침 발음에 주의하며, [흔드리 수 있습니다]로 읽지 않습니다.
- '매고 계시기 바랍니다.' : 중간에 Pause를 두지 말고 한 번에 연결해서 읽어주세요. 더 자연스러운 느낌을 전달할 수 있습니다.

Turbulence 1

손님 여러분,
기류 변화로 / 비행기가 흔들리고 있습니다.
좌석벨트를 매주시기 바랍니다.
감사합니다.

Turbulence 2

손님 여러분,
비행기가 계속해서 흔들리고 있습니다.
좌석벨트를 매셨는지 다시 한 번 확인해 주시고, /
그동안 화장실 사용은 삼가시기 바랍니다.

- 비행 중 일상안전에 관한 대표적인 방송문입니다.
  내용이 잘 전달될 수 있도록 천천히 읽습니다.
- '비행기' : 'ㅎ' 발음 주의하여 발음합니다.
- '기류' 모음에 유의 : [기루]가 되지 않도록 합니다.
- '좌석벨트를 매주시기 바랍니다' : '좌석벨트를 / 매 / 주시기 / 바랍니다'처럼 끊어 읽지 않도록 하세요.

Arrival Information : Korea

안내말씀 드리겠습니다.

대한민국에 입국하시는 손님 여러분께서는 / 입국에 필요한 서류를 준비하셨는지 확인해 주십시오.

입국카드는 한 분도 빠짐없이 작성하시고, / 세관신고서는 구입한 물품의 전체 금액이 미화 600불을 넘거나 / 반입이 제한된 물품을 소지하신 분만 적어주십시오.

그리고 / 미화 만 불 이상, 또는 이에 해당하는 외화를 지니셨거나 / 육류, 식물류를 지닌 분도 / 세관신고서를 반드시 작성하시기 바랍니다.

여행자 휴대품은 세금 사후 납부제도를 이용하실 수 있으며, / 신고대상 품목을 자진신고하지 않은 경우 가산세가 부과됨을 알려드립니다.

- 승객에게 입국 절차에 대한 정확한 정보를 전달하는 것이 가장 중요한 목적입니다. 문장 내 Key word 단어를 찾아 적절한 Pause와 Accent를 두면서 방송해야 합니다.
- 숫자 표현 시 천천히 또박또박 읽습니다.
- '확인', '미화', '외화', '부과', '세관' : 이중모음이므로 발음에 주의합니다.
- '납부'는 [납뿌]로, '가산세'는 [가산쎄]로 읽는 것이 표준발음입니다.

Transit Procedure

계속해서 / 이 비행기로 ______까지 가시는 손님 여러분께 / 안내말씀 드리겠습니다.
손님 여러분의 안전과 항공기 보안을 위해 / 모든 짐을 가지고 내리시기 바랍니다.
내리신 후에는 / 저희 지상 직원의 안내에 따라 통과카드를 받으신 다음, / 공항 라운지에서 잠시 기다려주십시오.
저희 비행기의 출발시간은 / ____시 ____분이며, 정확한 시간은 공항에서 다시 알려드리겠습니다.
감사합니다.

- 환승 절차가 생소한 승객들에게 정확하고 충분한 안내가 될 수 있도록, 천천히 또박또박 읽을 수 있도록 연습하세요.
- '탑승권' : [탑씅꿘]으로 읽습니다.
- '지상 직원의'은 [지상 직원에], '비행기의'는 [비행기에]로 읽습니다.

Approaching

손님 여러분, /
우리 비행기는 약 ____분 후에 / ______공항에 도착하겠습니다.
꺼내 놓은 짐들은 / 앞좌석 아래나 선반 속에 다시 보관해 주십시오.
감사합니다.

- Approaching 방송은 도착까지의 잔여 시간을 안내하며, 착륙 전 기내 안전업무 수행의 시작을 알리는 방송문으로 정확히 전달해야 합니다.
- 시간과 도착지 공항의 공식 명칭을 정확히 말하고 강조합니다.
- '앞 좌석 아래나' : '앞 / 좌석 아래나'로 끊어 읽지 않고, 자연스럽게 연결하여 읽습니다.

Landing

손님 여러분, /

잠시 후 / ________공항에 도착하겠습니다.

좌석 등받이와 (발 받침대), 테이블을 제자리로 해주시고, /

좌석벨트를 매주십시오.

또한 창문 덮개는 열어주시고, / 노트북 등 큰 전자기기는 좌석 하단 또는 기내 선반에 보관해 주시기 바랍니다.

감사합니다.

- 승객에게 기내 안전에 관한 내용이 정확히 전달될 수 있도록 합니다.
- '등받이'는 [등바지]로, '받침대'는 [바침때]로 읽습니다.
- '제~자리로 해~주시고'처럼 불필요한 곳에서 음절을 길게 늘이거나 톤을 높여 읽지 않습니다.

Farewell

손님 여러분, / 방금 ________공항에 도착했습니다.

지금 이곳은 / ___월 ___일 오전(오후) ___시 ____분이며, / 기온은 섭씨 ___도입니다.

비행기가 완전히 멈춘 후, / 좌석벨트 사인이 꺼질 때까지 / 잠시만 자리에서 기다려주시기 바랍니다.

선반을 여실 때는 / 안에 있는 물건이 떨어지지 않도록 조심해 주시고, / 잊으신 물건이 없는지 / 다시 한 번 살펴주십시오.

오늘도 저희 ○○항공을 이용해 주셔서 / 대단히 감사합니다.

안녕히 가십시오.

- 탑승에 대한 감사와 아쉬운 마음을 담은 방송이 되도록 읽습니다.
- 공항 명칭, 날짜, 시간, 기온은 정확하게 전달되도록 천천히 읽습니다.
- '도착했습니다.' : [도차캤슴니다]로 발음합니다.
- '여러분의' : [여러분에]로 읽습니다.

STEP

3-2

기내방송문 연습(영어)

제1절 영어 방송의 기법
제2절 영어 방송 예문 연습

STEP 3-2
기내방송문 연습(영어)

제1절 영어 방송의 기법

1. 자음 발음법

영어 방송문의 명확한 전달을 위해서는 영어 자음을 정확하게 발음하는 것이 중요하다. 자음이란 구강 속에서 통로를 차단당하거나 좁혀짐에 따라 나오는 음을 말한다. 참고로 웃는 표정만 지어도 쉽게 발음할 수 있다. 한국어 자음은 대부분 무성음이며, 유성음은 ㄴ, ㄹ, ㅁ과 받침 ㅇ뿐이다. 정확한 영어발음을 위해서는 무성음과 유성음을 구분할 수 있어야 한다.

특히 다음에 소개되는 자음 발음에 유의하여 연습하도록 한다.

[p] : [프] 하고 터지는 소리

우리말 'ㅍ' 발음보다 강한 발음으로 발음을 낼 때는 윗입술과 아랫입술을 붙여서 약간 안쪽으로 대었다가 터트려 내는 소리로 입술에 붙은 먼지를 뱉는 기분으로 두 입술을 터뜨리면서 내는 소리이다.

[p] 발음이 잘 되지 않는 사람은 호흡을 멈추는 것과 내보내는 타이밍을 잘 맞추

지 못하는 경우에 발음이 정확하지 않다. 입술을 모은 후 한번에 순간적으로 터트리듯 발음하면 된다.

unexpected	opening	presents
application	appreciated	pocket
preparation	experiencing	permitted
applicable	purchasing	headphones

[f] : [f]는 윗니를 아랫입술에 대고 숨을 불어 내면서 마찰을 일으키면서 내는 순치음이다. 자연스럽게 아랫입술을 윗니 끝에 대어 토끼이빨 상태에서 공기는 윗니와 입술 사이로 새어 나와야 한다. 즉 너무 세게 깨물면 공기를 이 사이로 강하게 내보내지 못해 정확한 발음이 나지 않는다.

[f] 발음은 단어의 어두에 오면 강하게 발음되고, 어미에 오면 약하게 발음된다. 윗니 4개 이상이 보일 수 있도록 연습한다.

fasten	afternoon	refer
safety	information	interfere
information	aircraft	offering
take-off	fever	comfort

[b] : 윗입술과 아랫입술을 붙였다가 성대를 울리면서 내는 유성음으로 [p]와 같은 입 모양이지만 성대가 진동하는 것이 다르다. 즉 [p]와 [b]는 성대가 울리느냐 울리지 않느냐의 차이이다. 유성음이라 하면 [음~]을 연습하면서 느껴지는 성대의 울림을 말한다.

bound	turbulence	cabin
abroad	belonging	begin
available	onboard	boarding
website		

[v] : 아랫입술을 윗니에 대고 바람을 세게 내보내며 내는 소리로 [b] 발음과 혼동하는 경우가 있다. [v]의 발음은 입술과 치아를 통해서 나오는 호흡에 의해 발음이 된다. 윗니가 4개 이상 보이도록 하면서 [브(으~)]라고 발음하며, 아랫입술에 살짝 진동이 느껴지면서 입술의 움직임이 없어야 정확한 발음이 된다.

arrival	devices	serve
prevent	arriving	leave
navigational	available	beverage
provide		

[r] : 우리나라 사람들이 가장 어려워하는 발음 중 하나이다. 입술에 힘을 주지 말고 자연스럽게 동그랗게 오므린 다음 혀끝을 말아서 입천장에 거의 닿게 위로 올려 발음한다. 다음을 따라 천천히 연습해 보도록 한다.

[r] 발음의 비법

1단계 : '우'의 소리가 날 수 있도록 입을 둥글게 말아준다.
2단계 : 우의 입 모양에서 '워'의 입 모양처럼 아래턱을 내려준다.
3단계 : 강아지가 화를 낼 때 하는 '뤌' 소리가 나도록 발음한다.

turbulence	area	entertainment
experiencing	refer	currency
aircraft	declare	arrival
purchase	regulations	offering

[s] : 입을 옆으로 벌리고 풍선에서 바람이 빠지면서 내는 소리와 비슷하게 혀의 끝부분을 윗니 바로 뒤쪽 부근(치경)에 위치하게 하고, 호흡을 빠져나가게 하며 [스~] 하고 발음한다. 이때 입 꼬리를 올려 발음하면 쉽게 [s] 발음이 나오게 된다.

understanding	safety	system
assistance	service	strongly
seat belt	sign	

[l] : 가장 많이 혼동하는 발음 중의 하나가 [r]과 [l]이다. [l]의 위치가 단어의 앞쪽인지 뒤쪽인지에 따라 발음은 두 가지로 구분이 된다. left의 [l] 발음은 신이 나서 '라라라' 하는 발음으로 혀끝을 윗니의 바로 뒤쪽(치경)에 붙여 발음한다.

meal의 [l]은 뒤쪽에 위치하여, 혀끝이 윗잇몸(치경)에 닿으면 안 되고, 최대한 가까이 혀를 가져감과 동시에 혀를 내리면서 발음한다. 이때 [l] 발음은 혀끝을 올림과 동시에 턱을 충분히 내려야만 좋은 발음이 난다.

landing	fall	international
ladies	gentleman	welcome
liquid	belonging	declaration
located	application	deplane

[z] : 치즈 할 때처럼 입을 양 옆으로 벌리고 혀끝을 이 뒤 끝부분(치경)에 대고 그 틈으로 공기를 내보내며 성대를 울린다. 이때 휴대전화기 진동소리와 비슷한 소리로 연습하면 된다.

magazine	position	zone

[m] : [p] 때보다 세지 않게 보통으로 입술을 다물고 한국어 [므]의 소리를 할 때처럼 입안을 완전히 닫고 폐에서 나오는 공기를 코로 흘러가게 하면서 성대를 진동시키면서 내는 소리이다.

magazine	permitted	entertainment
immigration	monitor	mobile
submit	remember	

[ð] : 윗니와 아랫니 사이에 혀끝이 입술 밖으로 살짝 나오도록 하며 윗니와 혀 사이로 호흡이 빠져나오는 순간 혀를 안으로 넣으면서 성대 떨리는 음(유성음)과 함께 [드~] 하고 발음한다.

further	the	that

[θ] : 혀끝을 양 이 사이에 가볍게 대고 공기를 혀끝과 윗니 사이로 세게 마찰시켜 공기가 옆으로 새지 못하게 하고 내는 소리(무성음)이다. 이때 특히 유의할 점은 아랫니와 윗니 사이에 혀끝이 입술 밖으로 살짝 나오도록 한다. 이때 [뜨] 소리를 하면서 혀를 뒤로 뺄 때 턱을 동시에 내려야 한다.

thank you

[ʤ] : 입술을 앞으로 뺀 후 혀끝을 윗니에서 약 2cm 떨어진 윗잇몸에 대고 공기를 내면서 막는다. 한국어 [쥐~]보다 세게 발음하면서 짧게 발음한다. 대부분의 [j]로 시작하는 단어일 경우의 발음이다.

gentlemen	passenger	enjoyable
juice		

[w] : [w]는 반자음으로 발음이 강하지 않아, 양 입술을 쭉 내밀고 한국어 [우]로 입술을 둥글게 하고 힘을 주어 성대를 울리면서 공기를 내보내며 소리나게 하지만, 우 발음이 아닌 [우워]를 한번에 발음해야 한다.

welcome	require	acquired

[j] : 입 모양을 [i] 할 때처럼 하고 혀가 입천장에 닿을 정도로 가까이 댄 후 혀의 양 옆을 어금니에 대고 입안을 긴장시켜 발음한다. 이때 피치를 올리면서 발음함과 동시에 스마일하면서 발음한다.

turbulence	discontinue	you

[t] : 윗잇몸 바로 뒤쪽에 볼록하게 튀어나온 부분에 혀가 위치하여 힘 있게 [트] 소리와 함께 혀를 순간적으로 내려 멈추어진 호흡으로 우리말의 'ㅌ'음보다 세게 발음한다. 스마일 표정을 지으면 자연스럽게 혀가 윗잇몸 쪽으로 가게 되므로 발음이 쉬워진다.

우리가 영어 단어를 발음할 때 원어민과 상당한 차이를 나타내는 부분이 단어의 끝 처리 음이다. 'test'와 'start'처럼 마지막 [t]음의 발음에 있어 우리말은 [테스트]와 [스타트]로 '으'의 발음을 하는데, 원어민들은 '으' 발음 바로 앞의 음의 피치를 높여 강하게 소리내고, 끝 음은 여운이 남을 정도로 살짝 발음한다. 그러나 기내방송문은 정확하게 발음하도록 한다.

tray	items	assistance
captain	entire	interfere
aircraft	attention	minutes
afternoon	take-off	monitor

[d] : 윗니 뒤쪽(치경)으로 이어진 잇몸 쪽에 혀를 대고 혀를 순간적으로 내민다. 이때 [드] 소리를 내며 자연스럽게 혀가 내려가면서 성대를 울리며 내는 소리이다. [t]와 [d]는 성대 울림의 차이만 있다.

onboard	product	deck
including	declare	duty
understanding	departure	

[k] : 혀의 뒷부분이 목젖 뒤쪽으로 위치하여 호흡을 멈추었다가 힘 있게 한번에 내보내며 [크] 소리를 낸다. 우리가 목감기가 걸렸을 때 가래가 목에 있어 불편할 때 그 가래를 뱉어내는 소리와도 비슷하다.

Korea	like	pocket
taking	walk	ask
kind of plant	thank you	

[g] : 혀의 뒷부분이 목젖 뒤쪽(연구개) 부분에서 살짝 호흡을 멈추었다가 힘 있게 소리낸다. 우리말 [그]보다는 목 깊은 곳에서 소리가 나므로 주의해야 한다.

regulations	again	gate
immigration	leg	bags
good	photographs	

[i:] : 혀끝을 아랫니 뒷부분에 대고 입술은 좁게 옆으로 벌린 후 우리말의 [이]보다 강하고 길게 발음한다.

please	seat	evening

2. 모음 발음법

[i] : 턱에 힘을 주지 말고 혀와 목이 긴장하지 않은 상태에서 우리말 [이]보다 훨씬 더 짧게 발음하면 된다. 이때 이 사이로 연필 하나가 들어갈 정도로 입을 벌리고 미소를 지으면서 발음한다.

seat[siːt]와 shit[ʃit]을 반드시 구별해야 한다.
[iː]의 발음은 우리말 '이'보다 높은 음으로 음에 굴곡을 주어서 '이이'라고 발음한다. 즉 leave와 live의 발음을 할 때는 '리이이브'로 음정을 올리면서 굴곡을 주어야 하며, '리브'는 우리말의 이보다 짧게 발음하면 된다. 정확한 발음을 위해 많은 연습이 필요하다.

overhead bins	seated	film

[æ] : 혀끝을 아랫니에 대고 입을 크게 벌렸다 닫으며 [애]로 짧게 발음한다. 한국어의 [애] 발음보다 턱을 충분히 내린 후에 입 꼬리에 힘이 없이 편안하게 한 후 [애에]라고 발음하면서 연습한다.

fasten	captain	happy

[e] : 영어 모음 발음 중 가장 쉬운 발음으로 입을 조금만 벌리고 아주 짧게 [에]라고 발음한다.

unexpected	welcome	gentlemen

[ʌ] : 한국어 [어]와 [아]의 중간 발음으로 한국어 [아]의 입모양으로 [어]를 발음한다. 우리가 놀랄 때 나는 [어]로 턱을 내리고 강하고 짧게 소리를 낸다.

under	upright	in front of you

[ɔ:] : 입을 반만 벌리고 한국어의 [오]를 하면서 입술을 동그랗게 만들어 아래턱을 살짝 내리면 된다. 하지만 이때 [오]라는 입 모양에서 턱을 내려 [어]의 발음을 하면 된다. law[lɔ:]와 low[lou]의 발음은 구분해야 한다.

airport	caution	all

[ə] : 자음과 자음 사이, 혹은 강세가 없을 때 거의 발음되지 않는다. [어]라는 소리가 나지만 정확한 [어]의 소리가 아니라, 우리가 무엇인가 확신이 없을 때 내는 소리라고 생각하면 자연스럽게 발음된다.

complete	assistance	gentleman

[ou] [ai] [ei] [au] : 이중모음의 뒤에 나오는 모음은 짧고 약하게 발음한다.

devices	safety	time

각 단어 및 구를 발음과 억양에 유의하여 연습해 보자.

just a few minutes away

from an on-time departure

please make sure that

carry on items are stored

take your assigned seat

ladies and gentlemen

would like to

are pleased to

are requested to have your entry documents ready

code-sharing

in any way we can

further assist you

all your belongings with you

enjoyable flight

direct your attention

please discontinue the use of electronic devices

the local time is now

aircraft's navigational system

3. 중요 단어의 강세와 억양

문장 내에 의미를 전달해 주는 단어와 문장의 의미에 강세를 주면 자연스럽게 억양이 생긴다. 아래의 문장을 보면 여러 가지 단어들이 있지만, 그중 중요한 정보를 가지고 있는 단어가 무엇인지 생각해 보면 강세가 어디에 들어가야 하는지 알 수 있다.

다음 방송문은 '지금 / 몇 분 후에 / 정시 출발입니다'에 중요한 정보들이 들어 있다. 각각의 단어에 강세와 억양을 주어 읽으면 된다.

We are now just a few minutes away from an on-time departure.

즉 영어의 강세란, 단어의 강세가 되면서 동시에 문장의 강세가 된다. 다시 말하면, 억양이라는 것은 밋밋하거나 과장되지 않은 자연스런 억양으로 중요한 정보를 전달한다고 생각하면 된다.

4. 자연스러운 연결

여러 개의 음들이 연결되어 발음되면 개별 음들은 앞 또는 단어의 음의 음성 환경에 영향을 받아 자연스럽게 flow(변동)가 생기게 된다.

정보 전달을 명확히 할 수 있는 목소리 톤으로 단어의 억양과 문장의 강세와 리듬을 주고 연음법칙 등의 설명을 통해 정확하게 정보를 전달할 수 있게 된다.

다음 방송문에는 항공운항 중 방해될 수 있는 전자기기 사용을 자제하는 정보들이 들어 있다. 단어의 자연스러운 연결로 방송한다.

We also ask⁀you / to turn off all mobile phones / as they can interfere⁀with the aircraft's navigational system.

5. Fluency와 분위기

영어 방송에 자신 없는 사람들과 투자한 시간과 노력만큼의 결실을 보지 못한 사람들이 영어발음에 대한 자신감을 얻으려면 우선 발음기호와 단어들을 음원을 통해 연습하면 자신의 발음변화를 느낄 수 있을 것이다.

평소에 부단한 연습을 통해 자신감 있는 방송으로 정확한 내용을 전달함과 동시에 밝고 친절한 여행의 길잡이 역할을 할 수 있을 것이다.

다음 방송은 기류변화로 인한 비행기의 흔들림에 대한 중요한 정보가 들어 있다. 중요한 단어에 억양을 주어 읽으면 된다.

We are experiencing turbulence.

6. 읽는 법

문장 내에 있는 관사나 전치사를 생략하지 않도록 주의한다.

a, the, of, on, it, at 등

항공편 읽기

비행 편수를 알려주는 숫자를 말할 때는 한 자리 단위로 끊어서 읽으며 0은 zero[zirou]로 읽는다. 단 0이 중간에 있는 편수는 0를 [ou]로 읽어도 무방하다.

- **915편** : nine one five(nine hundred fifteen이라고 읽지 않는다.)
- **001편** : zero zero one(o o one이라고 읽지 않는다.)
- **901편** : nine zero one 또는 nine o one(nine hundred one 혹은 nine one이라고 읽지 않는다.)

영어시간 읽기

장거리 비행(Long Distance)에서 출발지와 도착지(Destination)는 시간대(Time Zone)가 달라질 수 있다. 따라서 시차(Time Difference)가 발생하고, 날짜 변경선(Date Line)을 지나 비행하는 경우 날짜가 달라진다. 도착 시 Farewell 방송에서 현지 시간(Local Time)과 날짜를 정확하게 알려주기 위하여 다음과 같이 사용한다.

- 시간과 분 단위로 구분하여 읽는다.
- 12시간 단위로 표현하되 오전 / 오후는 A.M. / P.M.으로 구분한다.
- 1분부터 9분까지는 반드시 o[ou]를 중간에 넣어 읽는다. (0를 'zero'라고 읽지

않는다.)

- 12시를 제외한 매 정시는 o'clock을 넣어 읽는다.
- 30분, 15분, 45분을 a half, a quarter past(after) / to 등으로 읽지 않는다. (숫자 단위를 붙여 읽지 않는다.)

어순(word order) : 시간 + 요일 + 월 + 날짜

밤 12:00	twelve midnight	밤 12:01	twelve o one a.m.
낮 12:00	twelve noon	낮 12:05	twelve o five p.m.
오전 3:00	three a.m.	오후 5:00	five o'clock p.m.
오전 3:05	three o five a.m.	오후 10:15	ten fifteen p.m.
오후 4:30	four thirty p.m.	오후 7:45	seven forty-five p.m.

날짜 읽기

영어의 날짜는 반드시 서수로 읽어야 하며, 월 + 날짜 순으로 읽는다.

1월 1일 : January first (○), January the first (×)
January one (×)

2월 12일 : February twelfth (○), February twelve (×)
February[februeri]의 발음을 '페뷰어리'로 읽지 말고 중간에 'r'의 발음이 정확하게 날 수 있도록 'Fe-br-u-ary'로 연습함과 동시에 'Fe'에 강세를 주어 읽어야 한다.
twelfth[twélfθ]는 중간에 'f' 발음을 꼭 해야 한다.

4월 22일 : April twenty second (○), April twenty two (×)

6월 30일 : June thirtieth (○), June thirty (×)
thirtieth[θ3:rtiθ]의 발음에 주의해야 한다.

Your Voice

Qualities that contribute to meaning attached to verbal messages

- Tone of voice
- Rate of speech(tempo)
- Volume
- Ability to pronounce(diction)

Your voice should reflect four qualities.

- Confidence
- Enthusiasm
- Optimism
- Sincerity

Avoid…

- Dull and colorless speech
- Talking to fast or slow
- Monotone
- Mumbling
- Strong accent

제2절 영어 방송 예문 연습

Welcome

Good morning (/ afternoon / evening), / ladies and gentlemen, /
Captain (Family Name) / and the entire crew / would like to welcome you / on board ○ ○ Air, / flight ______ / bound for ______(via ______).
Our flight time today / will be ___ hour(s) / and ___ minute(s) / after take-off.
During the flight, / our cabin crew will be happy to serve you / in any way we can.
To prepare for departure, / please fasten your seat belt / and return your seat / and tray table to the upright position.
We also ask you / to turn off all mobile phones / as they can interfere with the aircraft's navigational system.
And please direct your attention / for a few minutes / to the video screens / (/ cabin crew) for safety information.

- welcome 방송은 상냥한 목소리로 미소를 띠면서 방송합니다.
- good : 발음할 때 [구우드]라고 하며 '드'의 발음은 약하게 합니다.
- gentlemen : gen-tle-man을 따로따로 발음하며 gen에 강세를 주어야 합니다.
- captain의 성은 정확히 발음합니다.
- entire crew : [인-타이-얼] 특히 'ti'에 강세를 주어 읽습니다. crew를 발음할 때는 [크r우]라 발음하며 입 모양을 동그랗게 만들며 앞으로 나오게 하며 턱을 내려줍니다.
- would like to : 모든 단어가 소리가 나도록 정확하게 발음합니다.

Seat belt Sign Off

Ladies and gentlemen, /

The seat belt sign is off.

However, / in case of turbulence, / please keep your seat belt fastened.

Also, smoking is not permitted.

When opening the overhead bins, / be careful of bags / that may fall out / and injure you or other passengers.

If you need help with the overhead bins, / please let us know.

Thank you.

- fastened : [f]의 정확한 발음으로 [f에슨드]로 연습합니다.
- turbulence : [터어r뷰울런스]로 천천히 발음합니다.
- opening : [오프닝]으로 [p] 발음이 나도록 연습합니다.
- strongly recommend you : [스트롱리 r레커멘 쥬]로 연음하여 읽습니다.
- injure : [인쥬어r]로 발음합니다.

Turbulence 1

Ladies and gentlemen, /

We are experiencing turbulence. /

Please / return to your seat / and fasten your seat belt. /

- turbulence : tur에 강세를 두고 [r]의 발음이 반드시 나타나도록 발음해야 하며 '터'의 발음이 아닌 '어'의 입모양에서 혀를 둥글게 말아서 '얼'의 소리가 날 수 있도록 합니다. 혀가 입천장에 닿지 않도록 유의하세요. bul은 '뷰'의 소리에 혀의 [l]의 발음은 혀 천장에 닿지 않도록 턱을 내려 발음연습을 하세요.
- return : turn은 're'와 'tu'에 강세를 두고 to를 빠뜨리지 않고 발음합니다. 또한 [r]의 발음을 정확히 합니다.

Turbulence 2

Ladies and gentlemen, /

We are continuing to experience the turbulence.

For your safety, / please remain seated / with your seat belt fasten.

Thank you.

- ex-pe-ri-ence : [pi] 부분에만 강세를 주어 읽으며 [r]의 발음을 정확히 해야 합니다.
- safety와 seated seat belt fasten이 중요 정보입니다. 이러한 주요 단어의 억양을 올려 읽고, your에서의 [r] 발음은 강하지 않게 발음하여 safety와 연결하여 자연스럽게 읽습니다.
- sa-fe-ty : [쎄이]를 정확하게 발음하며 [f]의 발음 때 자신의 입술 위 에이가 올라가야 하며, 이가 4개 정도는 보여야 함에 유의하여 발음합니다.

Arrival Information in Korea

Ladies and gentlemen, /

All passengers entering into Korea / are requested to have your entry documents ready.

For your information, / our fight number is / _____ / and today's date is _____.

If you are carrying foreign currency / more than 10,000 US dollars, / or if you acquired more than 600 US dollars worth of articles abroad, / please declare them to the customers form.

- all passengers entering into Korea : all에 강세를 주며 읽고, '오'의 입모양에서 '어~얼'로 [l]의 발음을 정확히 합니다.
- are requested to have your entry documents ready : requested [re-que-sted] [리-쿠에스티드]처럼 모음을 각각 나누어 발음을 합니다.
- have your : [헤-v유얼]로 부드럽게 연음처리하여 읽습니다.
- entry documents : [엔-츄리 다큐먼츠]로 발음합니다.

Headphone Collection

Ladies and gentlemen, /

Our cabin crew will be coming through the cabin / to collect your headphones.

Also, we ask you to please leave your blanket / in your seat pocket.

If you are continuing to ______ / please store your headphones and blanket in your seat pocket / for use when you return.

Thank you for your cooperation.

- to collect : 전치사 to는 collect와 자연스럽게 억양을 올리지 않으며 연결하여 읽고 collect your는 연음하여 [컬렉 츄어r]로 읽습니다.
- headphones : [f] 발음이 [p]로 혼동되지 않도록 주의해야 합니다.
- pocket : [파-켓]으로 발음합니다.
- if your are continuing : 강조하지 않고 약하게 읽어야 하며, continuing은 [컨티이뉴잉]으로 정확하게 발음하며 'ti'에 강세를 줍니다.
- cooperation : 2음절에 강세를 두고 발음을 정확하게 하지 않을 경우 corporation(회사)로 그 의미가 전혀 달라질 수 있으므로 특히 주의하세요.

Transit Procedure

Ladies and gentlemen, /

Passengers continuing to _______ with us / should collect a transit card after leaving the airplane.

For security reasons / you must take all your belongings with you.

Our scheduled departure time for ____ is ___ (a.m. / p.m.).

We will start re-boarding in about _____ minutes.

Please listen for a boarding announcement / in the transit area.

Thank you.

- passengers 다음에 짧게 pause를 주고, continuing to ____ with us까지 한 호흡으로 읽습니다.
- transit : 발음할 때는 [r]의 발음을 정확히 하며, 'tr'은 한국어의 '츄'에 가까운 소리를 내며 혀끝을 윗잇몸에 가까이 대지 말고 좀 더 안쪽에 대고 발음해야 합니다.
- scheduled departure : [d] 발음이 두 번 겹치는 경우 앞에 있는 [d] sound는 소리가 거의 나지 않습니다.

Approaching

Ladies and gentlemen, /

We are approaching _______ airport.

At this time, / we ask you to please store your carry-on items / in the overhead bins / or under the seat in front of you.

Thank you for your cooperation.

- 공항명과 approaching은 정보전달 내용부분이므로 정확히 강조해서 읽습니다.
- approaching : [어프로우]로 정확하게 모음발음을 해주며 2음절에 강세주어 발음해야 합니다.
- at this time : 한번에 읽고, at에 비해 this time을 강조하여 읽도록 합니다.
- 긴 문장이므로 의미단위로 적절한 pause를 두어 읽는 것이 매우 중요하며, ask, store, carry on items, overhead bins, under, seat, front 등 문장의 정보전달 내용들을 충분히 살려 읽어보세요.

Transit Gate Information

Ladies and gentlemen, /

We will be arriving at gate number___ / in Incheon international airport.

Also, we will now provide connecting gate information.

For further information, / please contact one of our crew.

- gate number와 공항명을 명확하게 강조해 읽은 다음 international의 [r] 발음을 정확하게 하려 하지 말고, [na]를 강세와 더불어 살짝 늘려 읽습니다.
- provide : [v] 발음에 유의하여, 우리말의 [ㅂ] 발음이 되지 않도록 합니다.
- for, further, information : 모든 [r] 발음을 하려 하지 말고, further의 마지막 [r] 발음만 해도 좋습니다.
- one of our crew : 모두 이어서 발음합니다.
- 편수와 목적지, 항공사명, 그리고 탑승구 번호는 정확하게 천천히 발음합니다.

Landing

Ladies and gentlemen, /

We will be landing shortly.

In preparation for landing, / please fasten your seat belt, / return your seat / and tray table to the upright position, / and open your window shades.

Also, please discontinue the use of electronic devices / until the aircraft has been parked at the gate.

Thank you.

- we will be : [위일비]로 연음을 하거나 will be만을 발음하기 쉬운데, 입을 부지런히 움직여 [w]와 [l] 소리를 명확하게 발음하도록 합니다.
- preparation : [프리페어레이션]으로 발음되지 않도록 하며 [p]를 [f]로나 [r]을 [l]로 읽지 않도록 주의합니다. [프레퍼레이션]으로 발음합니다.
- tray table : 이중모음 [ei]를 정확히 발음하며 또한 [tr]소리는 [츄레]로 발음하는 것이 자연스럽습니다.
- shades : [섀]로 발음하지 않도록 입술을 동그랗게 모아서 앞으로 내밀어 소리를 내며 마지막의 [s]를 생략하지 않도록 합니다.
- please discontinue the use of electronic devices : 한숨에 읽도록 합니다.
- electronic : [r]의 발음인 [일렉츄로닉]으로 발음합니다.

Farewell

Ladies and gentlemen, /

Welcome to 도시명.

We have landed at 공항명 international airport.

Today we are delayed / due to bad weather.

We appreciate your patience and kind understanding.

The local time is / now __ : __ a.m. / p.m.

and the temperature is / __degrees celsius / or __ degrees fahrenheit.

Thank you for choosing ooo air, / and we hope to see you again soon / on your next flight.

Thank you for being our guests today.

- landed at : [랜디뎃]으로 읽은 후 공항명을 강조해서 읽습니다.
- appreciate : [i]와 [ei] 두 모음을 정확하게 발음하는 연습을 하도록 하며 [어프리쉬에이트]로 입술을 모아 앞으로 뺀 후 두 번째 음절 강세에 유의합니다.
- local time : 모음 [ou]에 유의하고 [컬]보다는 [껄]에 가깝게 읽습니다.
- temperature : tem-pe-ra-ture로 끊어 읽으면 발음하기 아주 수월해집니다.
- degrees celsius : degrees는 [디그리이즈]로 늘이듯 발음합니다.
  celsius 발음이 중요한데 2음절의 'si' 발음은 한국어의 [씨]로 발음하지 않도록 '셀쉬어스'로 [c] 또는 [ʃ]로 발음하고 'ce'에 강세를 둡니다.
- fahrenheit : 앞의 [h]는 소리나지 않고, 후반부에 위치하는 [h]는 발음하여 자연스럽게 [f에런헤-이-트]의 순으로 발음하면 됩니다.

Duty-free Sales

Ladies and gentlemen, /

We will begin the sale of duty-free items.

If you would like to buy duty-free items, / please fill out the order form.

Passengers who ordered duty-free items pre-flight, please let us know.

Passengers transit to international flights / need to check the in-transit box on the order from.

Duty-free liquid items must be kept inside a tamper-evident bag with receipts.

For more information on carrying liquid items on board, / please refer to the in-flight shopping magazine.

Also, / items not on this flight can be pre-ordered / for your next flight.

Thank you.

- duty-free : [듀티-f리]라고 정확하게 발음합니다.
- fill out : 정확하게 억양을 주어 읽으며 the order form에서는 [오더어얼]이라는 발음이 정확하게 나는지 확인합니다.
- let us know : [레 러스 노우]라고 연음하여 읽습니다.
- in-ter-na-tio-nal : 각각의 단어별로 연습한 후 na에 억양을 주어 읽습니다.
- tran-sit : 나누어 발음하여 [씻]이 아닌 [짓]으로 읽습니다.
- li-qu-id : [리 꾸이 드]라고 발음 연습한 후 두 음절로 읽습니다. 여기서 마지막 [드] 소리는 약하게 납니다.
- re-fer : [f]의 발음을 정확하게 합니다.

Transit Procedure

Ladies and gentlemen, /

Passengers continuing on to ___ with us / should take all your belongings with you / including boarding pass when you leave the airplane.

After leaving the aircraft, / proceed to the transit area.

Our scheduled departure time for ___ is / ___ (a.m. / p.m.).

We will start re-boarding / in about ___minutes.

Please listen for a boarding announcement / in the transit area.

Thank you.

- should take all your belongings : 한번에 읽으며, belongings는 [비이 롱잉즈]로 'be'에 강세를 주어 읽습니다.
- transit area : [츄렌짓 에어r이어]로 뒤의 [어]의 발음은 약하게 합니다.
- scheduled departure time : [스케주(울)드]로 발음합니다.
- a-nnoun-ce-ment : [어-나운스먼트]로 발음합니다.

In-flight Announcement 1·2·3

부록

기내방송 예문 (한국어, 영어)

Baggage Securing

Ladies and gentlemen, /
For your comfort and safety, / please put your carry-on baggage / in the overhead bins / or under the seat / in front of you.
When you open the overhead bins, / please be careful as the contents may fall out.
Thank you.

손님 여러분, / 가지고 계신 짐은 / 앞좌석 밑이나 선반 속에 보관해 주시고, / 선반을 여실 때는 / 먼저 넣은 물건이 / 떨어지지 않도록 조심해 주십시오.
감사합니다.

- sa-fe-ty : [f] 정확하게 발음
- ba-gga-ge : [베~기쥐]로 발음하며 전치사 in / under / in front of 강조
- '좌석', '보관' : 이중모음 발음 주의
- '계:신', '좌:석', '보:관', '감:사' : 장모음 발음 주의

Preparation for Departure

Ladies and gentlemen, /

This is ○○Air flight / ___ bound for ___ (via ___).

We are just (a few / ___) minutes away / from departure.

Please make sure that / your carry-on items are stored / in the overhead bins / or under the seat in front of you.

Also, / please take your assigned seat / and fasten your seat belt.

Thank you.

손님 여러분,

(도시명)까지 가는 ○○항공___편, / 잠시 후(/ 약 __분 후)에 /

출발하겠습니다.

갖고 계신 짐은 / 앞 좌석 아래나 선반 속에 보관해 주시고,

지정된 자리에 앉아 / 좌석벨트를 매주시기 바랍니다. 감사합니다.

- bound for : '바운드'의 '드' 발음을 약하지만 들리게, 그리고 for의 [f] 발음은 정확하게
- make sure that : 가능하면 끊어 읽지 않으며 '메잌'으로 발음
- fasten : '페슨'이 아닌 [f]의 정확한 발음 연습
- 목적지, 편명을 여유 있는 속도로 또렷하게 강조하여 읽기
- 받침발음 주의 : '갖고 계신 짐은'을 [각고 계신]으로 읽지 않도록 주의

Welcome 1

Good morning (afternoon, evening), ladies and gentlemen.

On behalf of captain(family name) / and the entire crew, / welcome aboard ○○ Air flight / ______bound for ______(via ______).

Our flight time to ______ / will be ______hour(s) ______ minutes / after take off.

Please refrain from smoking / at any time in the cabin or in the lavatories.

Also, you're permitted to use your electronic devices during the flight,/ as long as they are set to "Flight Mode".

If there is anything we can do / to make your flight more comfortable, / our cabin crew are happy to serve you.

Please enjoy the flight.

Thank you.

손님 여러분, 안녕하십니까? /

이 비행기는 / (~를 거쳐) _____까지 가는 ○○항공 __________편입니다.

목적지인 _____공항까지의 비행시간은 / 이륙 후 ____시간 ____분으로 예정하고 있습니다.

오늘 (Full Name) 기장과 (Full Name) 사무장, 그리고 ___명의 승무원이 / 여러분의 항공여행을 안내해 드리겠습니다.

손님 여러분, / 화장실을 비롯한 모든 곳에서 담배를 피우시는 것은 / 항공법으로 금지되어 있으니, 유의하시기 바랍니다. / 또한 휴대전화 등 전자기기는 / 무선통신기능이 꺼진 상태에서 사용하실 수 있습니다.

아무쪼록 (도시명)까지 편안한(즐거운) 여행을 하시기 바랍니다.

감사합니다.

- en-tire : '인-타이r'은 턱을 충분히 내려 [r] 발음
- lavatories : la-va-to-ries로 각각의 음절에서 [라v이토어r리즈]로 발음
- 밝고, 경쾌한 톤으로 환영의 마음을 표시
- '소중히', '여행', '저희', '비행기', '안내해 드리겠습니다', '화장실', '항공법', '안전운항', '휴대용 전화기', '감사합니다' : 'ㅎ' 발음 주의

Welcome 2

Good morning (/ afternoon / evening), ladies and gentlemen, /
Captain (Family Name) and the entire crew / would like to welcome you on board ○○Air flight ______ / bound for ______(via ______).
Our flight time today / will be ___ hour(s) and ___ minute(s) after take-off.
We have (a) (Name of Country) based cabin crew on board.
During the flight, / our cabin crew will be happy to serve you / in any way we can.
To prepare for departure, / please fasten your seat belt / and return your seat / and tray table to the upright position.
You are permitted to use your electronic devices during the flight,/ as long as they are set to "Flight Mode".
And please direct your attention for a few minutes / to the video screens (cabin crew) / for safety information.

손님 여러분, 안녕하십니까? / 오늘도 저희 ○○항공을 이용해 주셔서 / 대단히 감사합니다.
이 비행기는 / (~를 거쳐) _____까지 가는 ○○항공 _________편입니다.
목적지인 _____공항까지의 비행시간은 / 이륙 후 ___시간 ___분으로 예정하고 있습니다.
오늘 / (성명)기장을 비롯한 저희 승무원들은 / 여러분을 정성껏 모시겠습니다.
출발을 위해 / 좌석벨트를 매주시고 / 등받이와 테이블을 제자리로 해주십시오.
그리고 휴대전화 등 전자기기는 비행기모드로 변경하여 사용하실 수 있습니다.
계속해서 기내 안전에 관해 / 안내해 드리겠습니다.
잠시 화면(승무원)을 주목해 주시기 바랍니다.

- would like to : 각각의 단어 발음 정확하게
- aircraft's navigational system : [에어크레f츠]라고 먼저 연습한 후 [네비게이~셔널 시스템]으로 발음
- '안녕하십니까', '공항', '정성껏' : '안녀하십니까', '고항', '정서껀'처럼 받침을 빼고 발음하지 않도록 주의

Welcome 3

Ladies and gentlemen, / welcome to ○○ Air / flight ______ bound for ______.
Flying us today is captain ______, / and the flight time will be / ______ hour(s) and ______ minutes.
Please check your seat belt is fastened / and return your seat back and tray table upright.
Electronic devices should be off / during take-off and landing.
Please note smoking is not permitted during the flight.
Thank you for flying ○○ Air, / we hope you enjoy the flight.

손님 여러분, 안녕하십니까?
○○항공 _____편의 탑승을 / 환영합니다.
_____까지 비행시간은 / ____시간 ____분이 걸릴 것으로 예상하며,
기장은 _____입니다.
안전을 위해 / 좌석벨트를 매주시고, 좌석 등받이와 테이블은 / 제자리로 해주시기 바랍니다.
화장실을 포함한 기내 전체에서는 금연이며, / 항공법에 따라 이륙과 착륙할 때는 / 모든 전자제품을 사용하실 수 없습니다.
○○항공과 함께 편안하고 즐거운 시간 보내시기 바랍니다.
감사합니다.

- check your seat belt : '췍 유얼 씨잇베-l-트'에서 [췌규얼]로 연음하여 발음해도 무방
- E-lec-tro-nic : [일렉츄로닉]으로 발음하여 lec에 강세를 주어 읽음
- devices : [디v아이씨스]로 마지막 [s] 발음까지 정확하게 발음
- 장모음 단어 : '환:영', '좌:석벨트', '예:상', '전:자제품', '전:원', '감:사'

Take Off

Ladies and gentlemen,
We are about to take off.
Please make sure that / your seat belt is securely fastened.

손님 여러분,
이 비행기는 / 곧 이륙하겠습니다.
좌석벨트를 매셨는지 / 다시 한 번 확인하시기 바랍니다.

- make sure that : [메이크]의 /크/는 약하게 발음
- se-cure-ly : [씨큐얼리]라고 읽으며 se에 강세
- 안전관련 방송 : 천천히 또렷하게 읽음
- 받침 발음 주의 : '이륙하겠습니다'는 [이류하겠습니다]로 읽지 않도록
- 이중모음 발음 주의 : '좌석벨트', '확인'

Seat belt Sign Off 1

Ladies and gentlemen, / the seat belt sign / is now off.

For your safety, / please keep your seat belt fastened / while seated.

When opening the overhead bins, / be careful as the contents may fall out.

Thank you.

손님 여러분, / 방금 좌석벨트 사인이 꺼졌습니다.

그러나 기류변화로 / 비행기가 갑자기 흔들릴 수 있으니 / 자리에 앉아 계실 때는 / 항상 좌석 벨트를 매주시기 바랍니다. 또한, 선반 속의 물건을 꺼내실 때는 / 안에 있는 짐들이 떨어지지 않도록 조심해 주십시오.

감사합니다.

- laptop computers : 'lap'의 [l] 발음은 윗니의 이 바로 뒤에 혀가 위치할 수 있도록 하며 한국어 '라'에서 혀를 위쪽에 붙여서 내는 발음으로 [렙]으로 하여야 함
  computers는 '컴퓨터'가 아닌 '터'의 [r] 발음을 정확히 낼 수 있도록 연습
- electronic : '일렉트로닉'이 아닌 앞 음절의 [l] 과 [tr] 의 발음을 정확하게 하여 [일렉츄 로닉]으로 함
- ㄹ받침이 생략 주의 단어 : '좌석벨트', '앉아 계실 때는', '꺼내실 때는'
- 모음 주의 : '기류변화'는 [기루 벼나]가 되지 않도록. 'ㅎ' 발음 유의

Seat belt Sign Off 2

Ladies and gentlemen,

The captain has turned off / the seat belt sign.

In case of any unexpected turbulence, / we strongly recommend you / keep your seat belt fastened / at all times while seated.

Please use caution / when opening the overhead bins /

as the contents may fall out.

손님 여러분, / 방금 좌석벨트 표시등이 꺼졌습니다.

그러나 비행기가 갑자기 흔들리는 경우에 대비해 / 자리에서는 / 항상 좌석벨트를 매고 계시기 바랍니다.

그리고 선반을 여실 때는 / 안에 있는 물건이 떨어지지 않도록 조심해 주십시오.

- turbulence : '터뷰런스'가 아닌 '터어r뷰울런스'로 천천히 연습한 후 [터어r뷸런스]로 발음
- caution : '코션'으로 읽지 않으며 [커어션]으로 발음
- '비행기', '흔들리는', '항상', '조심해' : 'ㅎ' 발음 주의
- '여실 때는' : [여시 때는]이 되지 않도록 'ㄹ' 받침 주의

Seat belt Sign Off 3

Ladies and gentlemen, / the seat belt sign is off.
However / in case of turbulence, / please keep your seat belt fastened.
Also, / smoking is not permitted.
When opening the overhead bins, / be careful of bags / that may fall out and injure your / or other passengers.
If you need help / with the overhead bins, / please let us know.
Thank you.

손님 여러분, / 좌석벨트 착용 표시등이 꺼졌습니다만 / 기류변화로 비행기가 갑자기 흔들릴 수 있으니, / 앉아 계실 때는 좌석벨트를 매고 계시기 바랍니다.
또한 화장실을 포함한 기내에서는 / 금연입니다.
아울러 머리 위 선반을 여실 때는 / 물건이 떨어져 주위 손님이 다칠 위험이 있으니 / 필요하실 경우에는 언제든지 저희 승무원의 도움을 받으시기 바랍니다.
감사합니다.

- seat belt와 off에 강세. seat은 '쉿'의 발음이 되지 않도록 주의
- permitted : '펄미티드'가 아닌 [퍼얼(r)미티드]라고 발음
- injure : '인줘'가 아닌 [인쥬얼]로 발음
- '저희 승무원의 도움을' : [저희 승무원에 도움을]
- 이중모음 : '좌:석벨트', '기류 변:화', '계:실', '매:고', '여:실 때는', '감:사'

In-flight Sales 1

Ladies and gentlemen, /
We have started duty free sales.
If you need any assistance, / our cabin crew is happy to help you.

손님 여러분, /
잠시 후 면세품 판매를 시작하겠습니다.
구입을 원하시는 분은 / 판매 카트가 지나갈 때 말씀해 주시기 바랍니다.
물품에 관한 자세한 사항은 / 기내지 'Duty free'를 / 참고하시기 바랍니다.

- duty free : '듀리 f으리'라고 발음하지 않고 [듀티]라고 정확히 발음
- pocket : '포켓'이 아닌 [파켓]으로 발음
- 장모음 : '면:세품', '말:씀'
- 'ㅎ'발음 : '항공', '~위해', '다양한', '원하시는', '말씀해', '관한', '사항은'

In-flight Sales 2

Ladies and gentlemen, /
We would like to remind you that / you may purchase duty free items / at any time during the flight.

안내말씀 드리겠습니다. /
판매카트를 이용한 / 기내판매를 마치겠습니다.
아직 구입을 못하신 분이나, / 추가로 구입을 원하시는 분께서는 /
비행 중 언제든지 / 저희 승무원에게 말씀해 주시기 바랍니다.

Turbulence : Light

Ladies and gentlemen, /

A. We will be passing through turbulence.

B. We are now passing through turbulence.

Please return to your seat / and fasten your seat belt.

Thank you.

안내말씀 드리겠습니다. /

A. 기류변화로 / 비행기가 (다소) 흔들릴 것으로 예상됩니다.

B. 기류변화로 / 비행기가 흔들리고 있습니다.

여러분의 안전을 위해 / 자리에 앉아 좌석벨트를 매주시기 바랍니다.

감사합니다.

- passing : [f] 발음이 아닌 입술을 다물었다가 소리를 뱉어내는 [p] 발음으로 하며, [s] 발음을 너무 강하게 발음하지 않도록 주의
- fasten : [p] 발음이 아닌 [f]는 아랫입술 위에 윗니가 4개 정도 보일 정도로 한 후 발음. '페슨'으로 발음하지 않도록 주의
- 자연스럽게 연결하여 읽는 연습 : '좌석벨트를 매주시기 바랍니다'

Turbulence : Severe

Ladies and gentlemen, /
We are continuing to experience turbulence.
For your safety, / please remain seated / with your seat belt fastened.

손님 여러분, / 비행기가 / 계속해서 흔들리고 있습니다.
좌석벨트를 매셨는지 / 다시 한 번 확인해 주시고, / 화장실 사용은 삼가시기 바랍니다.

- con-ti-nuing : ti에 강세
- ex-pe-ri-ence로 끊어 읽은 후 [익스-피리어언스]로 읽음
- safety : [f] 발음에 주의
- 장모음 발음 : 계:속해서', '좌:석벨트', '매:셨는지', '사:용'

Movie 1

Ladies and gentlemen, / our feature film(s) today / is(are) _____. (starring).
The english soundtrack is / on channel 2.
Also, / please keep your seat belt fastened whenever seated / as a precaution against sudden turbulence.
Thank you.

손님 여러분, / 잠시 후 / 영화를 상영해 드리겠습니다.
보실 영화의 제목은 / _____입니다.
한국어는 1번, / 영어는 2번 채널에서 / 들으실 수 있습니다.
또한, 기류변화로 비행기가 갑자기 흔들릴 수 있으니, / 자리에 앉아 계실 때는 / 항상 좌석 벨트를 덮고 계신 담요 위로 매주십시오.
즐거운 시간을 보내시기 바랍니다.
감사합니다.

- feature film : '퓨처 필름'이 아닌 [f] 발음에 주의
- against sudden turbulence : sudden에 강세, 'tur'의 [r] 발음에 주의
- 영화 제목 : 또박또박 강조
- 이중모음 : '영화'는 [영와] 또는 [영하]로 발음하지 않도록 주의

Movie 2

Ladies and gentlemen, /

Our film(s) today is / (are) ___ (and ___).

As a courtesy to other passengers, / we ask you to please / close your window shades.

Thank you.

손님 여러분, /

잠시 후 / 영화를 상영하겠습니다.

보실 영화의 제목은 / ________ 입니다.

창문 덮개를 내리면 / 화면을 더욱 선명하게 보실 수 있습니다.

감사합니다.

- courtesy : [커어r어씨]로 'rt'가 붙어 있어 [t]의 발음이 약하게 발음
- shades : [쉐이즈]로 발음
- 장음 발음 : '잠:시', '상:영', '화:면'
- 'ㅎ' 발음 : '영화', '화면', '선명하게'

Arrival Information : Korea 1

Ladies and gentlemen, / for entering Korea, / please have your entry documents ready.
All passengers are required to complete an arrival card / (and health questionnaire).
Passengers with any restricted items, / or carrying items / with a combined value of 600 US dollars / or the equivalent in foreign currency, / please declare that amount on the customs form.
Meats, plants, fruits or any other food items / should also be declared.
Failure to declare / could result in an additional tax.
Passengers connecting to domestic flights here in Incheon airport, / please proceed to the airlines domestic transfer counter on the 3rd floor / after customs clearance.
And those passengers connecting to international flights, / please go through the security checks / at the transfer points on the 2nd floor / and proceed to the airlines international transfer counter / or to the departure gate located on the 3rd floor.
Also, / if you need assistance in touring Korea, / please call the number 1330, / which is a tour guide call service / provided by Korean government.
An English-speaking guide at your nearest tourist information center / will answer your call. Interpretation assistance is available. Thank you.

안내말씀 드리겠습니다.
대한민국에 입국하시는 손님께서는 / 입국에 필요한 서류를 준비하셨는지 / 확인해 주시기 바랍니다.
입국카드(와 검역설문서)는 한 분도 빠짐없이 작성하시고, / 세관신고서는 / 구입한 물품의 전체 금액이 / 미화 600불을 넘거나, 반입이 제한된 물품을 소지하신 분만 적어주십시오.
아울러, / 손님 중에 미화 만 불 이상이나 / 이에 해당하는 외화 또는 육류, 식물류를 지닌 분도 / 세관신고서를 반드시 작성하시기 바랍니다.
특히, 자진신고를 하지 않는 경우, / 가산세가 부과되니 유의해 주십시오. 그리고 손님 중 이곳 인천공항에서 운항되는 국내선으로 갈아타실 분은 / 모든 짐을 찾아 세관검사를 마치시고, 3층 국내선 연결 카운터에서 / 탑승수속을 하시기 바랍니다. 또한, 계속해서 국제선으로 여행하시는 분은 / 환승지점에서 보안검색을 마치신 다음, / 3층 해당 항공사 카운터에서 안내를 받으십시오. 감사합니다.

Arrival Information : Korea 2

Ladies and gentlemen, /

All passengers entering Korea / are requested to have your entry documents ready.

If you are carrying foreign currency / more than 10,000 US dollars, /

or if you acquired more than 600 US dollars worth of articles abroad, /

please declare them on the customs form.

안내말씀 드리겠습니다.

대한민국에 입국하시는 손님 여러분께서는 / 입국에 필요한 휴대품 신고서를 다 쓰셨는지 / 확인해 주십시오. 그리고 미화 만 불 이상, 또는 이에 해당하는 외화를 지니셨거나 / 미화 600불 이상의 물품을 구입하신 분은 / 그 내용을 휴대품 신고서에 반드시 신고해 주시기 바랍니다.

여행자 휴대품은 세금 사후 납부제도를 이용하실 수 있으며, 신고대상 품목을 자진 신고하지 않은 경우 / 가산세가 부과됨을 알려드립니다.

또한 국내 구제역 확산 방지를 위해 / 해외에서 가축농장을 방문하셨거나 / 축산물을 가져오신 분은 / 가까운 검역기관에 신고해 주시기 바라며, 축산관계인은 / 사전에 세관신고서를 작성하시고 / 입국심사를 받으신 후 / 검역기관의 소독조치를 받아주시기 바랍니다.

- requested : re-que-sted로 연습하며 'que'에 강세를 주어 [리쿠에스티드]로 발음
- worth of articles abroad를 한번에 읽는 연습 필요. 하지만 각 단어의 발음에 주의. worth는 [r]의 발음과 [θ]가 어려우므로 주의
- articles은 '알티클즈'로 abroad는 '어브r로드'로 [r]의 발음을 할 때 아래 턱을 내리면 더욱 좋은 발음임
- '납부' : [납뿌]로, '가산세' : [가산쎄] 표준발음
- 이중모음 주의 : '확인', '미화', '외화', '부과', '세관'

Arrival Information : USA

Ladies and gentlemen, /
For entering the United States, / please have your entry documents ready.
Passengers carrying more than ten thousand US dollars, / or the equivalent in foreign currency / must declare that amount on the customs form.
Fruits, plants, seeds, or other food items should also be declared.
Those passengers continuing on to _____ / or traveling with connecting flights are also required / to take the all belongings with you / and clear customs here at _____ airport / after picking up all your checked baggage. / Thank you.

안내말씀 드리겠습니다.
손님 여러분께서는 / 입국에 필요한 서류를 준비하셨는지 / 확인해 주시기 바랍니다.
입국카드는 / 한 분도 빠짐없이 작성하시고, 세관신고서는 / 가족당 한 장씩 적어주십시오.
그리고 미화 만 불 이상이나 / 이에 해당하는 외화 또는 과일, 씨앗, 식품류 등의 농축수산물을 지닌 분께서는 / 세관신고서에 신고하시는 것을 / 잊지 마시기 바랍니다.
계속해서 저희 비행기 및 다른 항공사로 여행하시는 손님 여러분께서도 / 모든 짐을 가지고 내리신 후, 이곳(공항명)에서 짐을 찾아 세관검사를 받으신 다음 / 통과여객 안내 카운터로 가셔서, 저희 지상 직원의 안내를 받으시기 바랍니다.
궁금한 점이 있는 분께서는 / 저희 승무원에게 말씀해 주시면 / 정성껏 도와드리겠습니다.
감사합니다.

Arrival Information : USA / Guam

Ladies and gentlemen, /
We will now collect headphones and magazines.
To enter the United States (/ Guam), / please have your entry documents ready.
If you need any assistance, / please ask our cabin crew.
Thank you.

안내말씀 드리겠습니다.
미국(/ 괌)에 입국하시는 손님 여러분께서는 / 입국서류를 작성하셨는지 확인해 주십시오.
도움이 필요하시면 / 저희 승무원에게 말씀해 주십시오.
감사합니다.

- collect : [l]은 혀가 윗니 뒤의 치경 부분에 위치해야 하며 한국어 '라'의 위치로 '르' 발음
- headphones and magazines : 'ph'는 [f] 발음이며 [매거진즈]로 발음
- 문장의 주어 / 주어구를 찾아 끊어 읽기 연습

Arrival Information : China

Ladies and gentlemen, /
To enter China, / all passengers are required to fill out an arrival card.
We recommend you complete this document / before you leave the airplane.
Also, / we would like to remind you that / according to government regulations, / any type of lighters, matches, or liquid items including the alcoholic beverages are not permitted / to be brought into the cabin when you leave China.
Any liquid items should be checked-in.

안내말씀 드리겠습니다. /
손님 여러분께서는 / 입국카드를 준비하시고, / 영문 기재란에 영어로 적어주십시오.
미화 5천 불 이상이나 여기에 해당하는 외국 화폐를 갖고 계신 분은 / 세관에 반드시 신고해 주십시오.
그리고 일정을 마치고 출국하실 때는 / 중국공항 규정에 따라 라이터나 성냥, / 그리고 주류를 포함한 액체물품은 기내로 갖고 들어오실 수 없으니 / 유의하시기 바랍니다.
주류를 포함한 액체물품은 / 탑승수속을 할 때 / 수하물로 부치시기 바랍니다.
또한, / 중국에서 생산된 농·수·축산물은 / 한국으로의 반입이 / 엄격히 제한돼 있음을 알려 드립니다.

- are required to fill out은 끊어 읽지 않도록 유의하며, [리-쿠와이-얼드]로 발음
- recommend you : [레커멘 쥬]로 연음하여 발음
- alcoholic beverages : [아알코(호)홀릭 베v어리쥐]로 발음
- '유의하시기 ~' : [유이하시기 ~], '한국으로의' : [한국으로에]로 발음

Transit Procedure

Ladies and gentlemen, /

Passengers continuing on to ___ with us / should take all your belongings with you / including boarding pass when you leave the airplane.

After leaving the aircraft, / proceed to the transit area.

Our scheduled departure time for ___ is ___ (a.m. / p.m.) /

We will start re-boarding / in about ___minutes.

Please listen for a boarding announcement / in the transit area.

Thank you.

계속해서 / 이 비행기로 (도시명)까지 가시는 손님 여러분께 / 안내말씀 드리겠습니다.

(공항명)에 도착하면 모든 짐을 갖고 내리시고 / 탑승권도 잊지 마시기 바랍니다.

내리신 후에는 / 공항 대기 장소에서 잠시 기다려주십시오.

이 비행기의 다음 출발 시각은 / ___시___분이며, / 탑승시각은 / 공항에서 알려드리겠습니다.

감사합니다.

- should take all your belongings은 한번에 읽으며, belongings는 [비이롱잉즈]로 'be'에 강세
- transit area : [츄렌짓 에어r이어]로 '어'의 발음은 약하게 읽음
- scheduled departure time : [스케주(울)드]로 발음
- 장모음 : '안:내 말씀', '도:착', '모:든', '마:시기', '감:사'
- 출발 시각은 천천히 읽어 강조

Headphone Collection

Ladies and gentlemen, /
We will now end the entertainment program / and prepare for landing.
The cabin crew will collect your headphones.
Thank you for your cooperation.

손님 여러분,
착륙 준비를 위해 / 기내 영상물과 음악 프로그램을 중단하고, / 헤드폰을 회수하겠습니다.
협조해 주시기 바랍니다.
감사합니다.

- en-ter-tain-ment : 'ter'의 [r] 발음이 정확하게 들릴 수 있도록 주의
- cooperation : '코어퍼레이션'은 잘못된 발음. [코워어퍼r에이션]으로 발음
- '헤드폰' : 복모음, 'ㅎ' 발음 주의
- '협조해 주시기 바랍니다.' : [협조해~~주시기~~바랍니다]처럼 길게 읽지 않음

Approaching 1

Ladies and gentlemen, /
For your safety, please return your seat and tray table to the upright position, / and stow your large carry-on items and large electronic devices in the overhead bins or under the seat in front of you./ They may not be stowed in seat pockets./ Thank you.

손님 여러분, /
착륙준비를 위해 좌석 등받이와 (발 받침대) 테이블을 제자리로 해주시고, 좌석 앞 주머니 속에 보관할 수 없는 큰 전자기기와 꺼내 놓은 짐은 앞 좌석 아래나 선반 속에 다시 보관해 주시기 바랍니다.
감사합니다.

- ap-proaching : '어프'와 '프로칭'을 나누어 연습한 후 [어프로칭]으로 발음
- appreciated : '어프(r으)리시에이티드'로 발음. (r으)는 한 음절로 발음
- '등받이' : [등바지]로 읽기
- '받침대' : [받침때]로 읽기

Approaching 2

Ladies and gentlemen, /
We are approaching ___ airport.
At this time, / we ask you to please store your carry-on items /
in the overhead bins / or under the seat in front of you.
Thank you for your cooperation.

손님 여러분, / 우리 비행기는 / 약___분 후에 (공항명)에 / 도착하겠습니다.
꺼내놓은 짐들은 / 앞 좌석 아래나 선반 속에 / 다시 보관해 주십시오.
감사합니다.

- we ask you / to please store your carry-on items : 중간에서 잠시 쉬었다가 읽음
- under the seat : 나누어 연습한 후 [r] 발음에 주의
- 장모음 : '도:착', '꺼:내', '좌:석', '속:에', '보:관'

Landing 1

Ladies and gentlemen, /
We will be landing shortly.
Please fasten your seat belt. /
Thank you for your cooperation.

손님 여러분,
우리 비행기는 곧 착륙하겠습니다.
좌석벨트를 매주십시오.
감사합니다.

- shortly : '숏리'라고 발음하지 않고, '쇼트리'로 [t]의 소리를 내는 발음에 주의
- '착륙하겠습니다.' : [창뉴카게씀니다]로 발음

Landing 2

We will soon land at _______ airport.

Please stay seated / and fasten your seat belt.

Thank you.

잠시 후 / __________공항에 도착하겠습니다.

좌석벨트를 매주십시오.

감사합니다.

- fasten : [p] 발음이 아닌 [f]는 아랫입술 위에 윗니가 4개 정도 보일 정도로 한 후 발음. '페슨'으로 발음하지 않게 주의
- 장모음 : '좌:석벨트', '매:', '사:용', '전:원', '감:사'
- 이중모음 : '좌석', '전원'

Farewell at Terminal Station 1

Ladies and gentlemen, /

Welcome to (**도시명**).

The local time is / (_____ : _____) in the morning (afternoon / evening).

For your safety, / please remain seated / until the captain has turned off the seat belt sign.

When you open the overhead bins, / be careful as the contains may fall out.

And also please have all your belongings with you / when you deplane.

Thank you for flying (**항공사명**), / and we wish you a pleasant stay / hear in (**도시명**).

Thank you.

손님 여러분, (도시명)에 오신 것을 환영합니다.

지금 이곳 시간은 / 오전(오후) ___시 ___분입니다.

비행기가 완전히 멈춘 후, / 좌석벨트 사인이 꺼질 때까지 / 잠시만 자리에서 기다려주시기 바랍니다.

선반을 여실 때는 / 안에 있는 물건이 떨어지지 않도록 조심해 주시고, / 잊으신 물건이 없는지 / 다시 한 번 살펴주십시오.

즐거운 여행이 되시기 바랍니다.

감사합니다. 안녕히 가십시오.

Farewell at Terminal Station 2

Ladies and gentlemen, /
We have landed at / (공항명) (international) airport.
The local time is now / (___ : ___) a.m. / p.m., (month)(date).
For your safety, / please remain until the captain has turned off / the seat belt sign. Also, / please be careful / when opening the overhead bins / as the contents may fall out. / Please remember to take all of your belongings with you / when you leave the airplane.
Thank you for choosing ○○ Air, / and we hope to see you again soon / on your next flight.

손님 여러분,
우리 비행기는 / (공항명)에 도착했습니다.
지금 이곳은 / ______월 ______일 오전(/ 오후) _____시 _____분입니다.
여러분의 안전을 위해, 비행기가 완전히 멈춘 후 / 좌석벨트 표시등이 꺼질 때까지 / 자리에서 기다려주십시오.
선반을 여실 때는 / 안에 있는 물건이 떨어질 수 있으니 조심해 주시고, 내리실 때는 / 잊으신 물건이 없는지 / 확인해 주시기 바랍니다.
저희 ○○항공을 / 이용해 주셔서 감사합니다. 저희 승무원들은, 앞으로도 손님 여러분께서 / 안전하고 편안하게 여행하실 수 있도록 / 최선을 다하겠습니다.
감사합니다. 안녕히 가십시오.

Deplane

Ladies and gentlemen, /

You may now deplane / through the front (and rear) door.

Please check / you have left no items in the seat pocket / or under the seat.

Thank you and good-bye.

손님 여러분,

기내에 두고 내리시는 물건이 없는지 / 다시 한 번 확인해 주시고

지금부터 / 앞문으로 내려주시기 바랍니다.

감사합니다. 안녕히 가십시오.

- through : 'th'는 [θ]의 발음이 윗니 아랫니 중간에 혀가 약간 보일 수 있도록 한 후 발음
- 장모음 발음 : '없:는지' '확인:해'
- 밝은 톤으로 경쾌하게 방송

공항방송 예문 (한국어, 영어)

탑승수속 지연 안내

May I have your attention please.

The check-in process is temporarily suspended / due to ______________.

We are sorry for this inconvenience, / and we will keep you informed of further notice.

Your kind understanding will be appreciated.

○○항공에서 손님 여러분께 / 죄송한 안내말씀 드리겠습니다.

지금 ____________로 인하여 / 탑승수속이 지연되고 있사오니, / 잠시만 기다려주시기 바랍니다.

불편을 끼쳐드려 / 대단히 죄송합니다.

- May I have your attention please : 끊어 읽지 않으며, 정확하게 또박또박 읽음
- temporarily : tem-po-ra-rily라고 읽음. [r] 발음에 주의
- suspended : [써스펜디드]라고 읽고 마지막 '드'를 정확히 발음
- inconvenience : in-convenience로 [인-컨v니언스]로 발음
- 탑승수속 지연 사유를 정확하게 방송

출발 지연 안내

May I have your attention please.

○ ○Air flight _____, / bound for _____ at _______ / will be delayed for _____ hour(s) _____minutes / due to ________.

The new departure time is / ___________.

We are sorry for the inconvenience.

Your kind understanding will be appreciated.

○ ○항공에서 / _____로 출국하시는 손님 여러분께 / 죄송한 안내말씀 드리겠습니다.
○ ○항공 ____시 ____분 ____편행은 / ________로 인하여 / 정시보다 약 ___분이 지연되어 / _____시 _____분에 출발 예정이오니 / 이 점 널리 양해하여 주시기 바랍니다.

- appreciated : [어프r이시네이티드]라고 발음
- 장모음 : '안:내말:씀', '예:정'
- 목적지 / 시간 / 항공편은 또박또박 정확히 발음

지연된 후 탑승수속 안내

May I have your attention please.

○○Air flight bound for _____, / scheduled to leave at __________ / will be leaving at _____________.

All passengers, / please proceed to the check-in counter.

Thank you.

○○항공에서 / 안내말씀 드리겠습니다.

___시 ____분에 출발예정인 ○○항공 ____편 항공기는 / 잠시 후, ____시 _____분에 출발하겠사오니 / 손님 여러분께서는 / 탑승수속을 받아주시기 바랍니다.

감사합니다.

- passengers : '페신절즈'가 아닌 [페씬절얼즈]로 발음
- check-in counter : 나누어 읽지 않고 한 단어로 읽음
- 'ㅎ' 발음 주의 : '항공', '항공기'

항공기 결항

May I have your attention please.

○○ Air flight _______ bound for _______ / has been cancelled due to ______.

For more information, / please come to the ○○ Air check-in counter number _______.

We are sorry for your inconvenience.

Thank you.

○○항공에서 ____으로 출국하시는 손님 여러분께 / 안내말씀 드리겠습니다.

___시 ____분 출발예정인 / ○○항공 ___편 _______행 항공기는 / ________로 인하여 결항되었사오니 / 이 점 널리 양해하여 주시기 바랍니다.

자세한 안내를 원하시는 분께서는 / ○○항공 _____번 카운터로 / 와주시기 바랍니다.

불편을 끼쳐드려 / 대단히 죄송합니다.

- cancelled : '켄슬디드'가 아닌 [켄슬드]라고 읽음
- due to ______ : 끊어 읽지 말고 연결하여 ____(이유)를 강조하여 읽음
- information : in-for-mation으로 읽고 [f] 발음에 주의
- 장모음 : '안:내말:씀', '예:정', '원:하시는',

항공기 출발 운항 미정 안내

May I have your attention please.

○○ Air flight _____ bound for ______ / will be delayed due to ________.

The new departure time will be announced / as soon as possible.

We are sorry for this inconvenience.

Thank you.

○○항공에서 _____로 출국하시는 손님 여러분께 / 죄송한 안내말씀 드리겠습니다.

○○항공 ___편 ______행 항공기는 / ________으로 인하여 현재 운항여부가 / 결정되지 않았습니다.

이 점 널리 양해하여 주시기 바랍니다.

정확한 운항여부는 / 결정되는 대로 / 곧 안내해 드리겠습니다.

감사합니다.

- departure : de-par-ture로 읽고 'par' 발음을 할 때 턱을 충분히 내려 [r] 발음에 주의
- possible : '파씨블'이 아닌 [파써블]로 읽음
- 'ㅎ' 발음 주의 : '항공', '죄송한', '항공기', '운항여부', '양해하여', '안내해'

방송문 단어와 발음연습

Preparation for Departure

단어	발음	뜻	단어	발음	뜻
Ladies	[léidiz]	숙녀들	seat	[si:t]	자리
gentlemen	[dʒentlmən]	신사들	fasten	[fæsn]	고정시키다
Korean	[kəri:ən]	한국의	seat belt	[si:tbelt]	좌석벨트
air	[er]	항공	thank you	[θæŋk jə]	감사하다
flight	[flaɪt]	비행기	items	[aɪtəm]	물건들
bound	[baʊnd]	~행의	stored	[stɔ:(r)d]	저장된
few	[fju:]	몇, 적은	overhead	[oʊvər|hed]	머리 위에
minutes	[mɪnɪt]	분	bins	[bɪn]	(저장용)통
away	[ə|weɪ]	떨어져	under	[ʌndə(r)]	아래
departure	[dɪ|pɑ:rtʃə(r)]	출발	seat	[si:t]	자리
please	[pli:z]	부디, 제발	front	[frʌnt]	앞
make	[meɪk]	만들다, 하게 하다	Also	[ɔ:lsoʊ]	또는
sure	[ʃʊr]	확실히	take	[teɪk]	가지고 가다
carry-on	[kæri-ɑ:n]	휴대용 가방	assigned	[əsaɪn]	할당된

Welcome

단어	발음	뜻	단어	발음	뜻
Good	[gʊd]	좋은	attention	[əltenʃn]	주목
morning	[mɔ:rnɪŋ]	아침	minutes	[mɪnɪt]	~분
afternoon	|æftərlnu:n]	오후	video	[vɪdioʊ]	비디오
evening	[i:vnɪŋ]	저녁	screens	[skri:n]	화면
minute(s)	[mɪnɪt]	~분	departure	[dɪpɑ:rtʃə(r)]	출발
take-off	[teɪk-ɔ:f;ɑ:f]	이륙하다	safety	[seɪfti]	안전
Captain	[kæptɪn]	기장	information	|ɪnfərlmeɪʃn]	정보
hour(s)	[aʊə(r)]	~시	return	[rɪt3:rn]	돌아오다
entire	[ɪnltaɪə(r)]	전체의	aircraft's	[erkræft]	항공기
crew	[kru:]	승무원	navigational	[nævɪlgeɪʃn]	항해
direct	[dəlrekt]	직선의	system	[sɪstəm]	시스템

Seat belt Sign Off

단어	발음	뜻	단어	발음	뜻
captain	[kæptɪn]	기장	caution	[kɔ:ʃn]	조심
turned	[tə́:rnd]	돌린	stretching	[stretʃɪŋ]	체조
seat belt	[si:tbelt]	안전띠	video	[vɪdioʊ]	비디오
sign	[saɪn]	신호	available	[ə|veɪləbl]	이용할 수 있는
case	[keɪs]	경우	entertainment	[entər|teɪnmənt]	오락물
unexpected	[ʌnɪk|spektɪd]	예기치 않은	system	[sɪstəm]	제도
turbulence	[tɜ:rbjələns]	격동	watch	[wɑ:tʃ]	보다
strongly	[strɔ́:ŋli]	강하게	through	[θru:]	~을 통해
opening	[oʊpnɪŋ]	여는	individual	[ɪndɪ|vɪdʒuəl]	개인의
overhead	[oʊvərhed]	머리 위에	monitor	[mɑ:nɪtə(r)]	화면
bins	[bɪnz]	통, 상자	during	[dʊrɪŋ]	~동안
content	[kɑ:ntent]	내용물	actually	[æktʃuəli]	실제로
fall	[fɔ:l]	떨어지다	see	[si:]	보다
refer	[rifə́:r]	나타내다	item	[aɪtəm]	물품
magazine	[mægəzi:n]	잡지	before	[bɪ|fɔ:(r)]	전에
seat	[si:t]	좌석	purchasing	[pɜ:rtʃəsɪŋ]	구매
recommend	[rekə|mend]	추천하다	hope	[hoʊp]	희망하다
keep	[ki:p]	유지하다	enjoy	[ɪn|dʒɔɪ]	즐기다
fastened	[fæsnd]	채우다	unique	[ju|ni:k]	독특한
times	[taɪmz]	~으로 곱한	midair	[míder]	상공
while	[waɪl]	~하는 동안	shopping	[ʃɑ:pɪŋ]	쇼핑
seated	[sí:tid]	앉아 있다	experience	[ɪk|spɪriəns]	경험
Please	[pli:z]	제발	would	[wʊd]	~일 것이다
use	[ju:z]	사용하다	pocket	[pɑ:kɪt]	주머니
information	[ɪnfər|meɪʃn]	정보	application	[æplɪ|keɪʃn]	신청서

단어	발음	뜻	단어	발음	뜻
about	[ə|baʊt]	~에 대한	form	[fɔ:rm]	형식
membership	[membərʃɪp]	회원	on-line	[ɑ:n|laɪn]	온라인의
wish	[wɪʃ]	바라다	need	[ni:d]	필요로 하다
join	[dʒɔɪn]	함께하다	assistance	[ə|sɪstəns]	도움
ask	[æsk]	묻다	happy	[hæpi]	행복한
cabin	[kæbɪn]	객실	help	[help]	돕다
crew	[kru:]	승무원	in case of	[ɪn keɪs ʌv]	~경우에
comfort	[kʌmfərt]	편안	smoking	[smoʊkɪŋ]	흡연
presents	[prizént]	증정하다	permitted	[pər|mɪt]	허용하다
product	[prɑ:dʌkt]	상품	injure	[ɪndʒə(r)]	상처
located	[loʊkeɪtɪd]	~에 위치한	Expecting	[ikspéktiŋ]	기다리는
first	[f3:rst]	첫 번째의	Repeating	[ripí:tiŋ]	반복하는
deck	[dek]	갑판	selection	[sɪ|lekʃn]	선택
onboard	[ɑ:nbɔ:rd]	기내에	inform	[ɪn|fɔ:rm]	알리다
duty-free	[du:ti-fri:]	면세의	Air's	[ɛərs]	항공의
showcase	[ʃoʊkeɪs]	전시공간	souvenir	[su:və|nɪr]	기념품
offering	[ɔ:fərɪŋ]	제공된 것	filling	[fɪlɪŋ]	작성하다

Turbulence

단어	발음	뜻	단어	발음	뜻
sales	[séilz]	판매	still	[stɪl]	아직도
preparation	[prepəlreɪʃn]	준비 중	encounter	[ɪnlkaʊntə(r)]	맞닥뜨리다
regret	[rɪlgret]	유감인	turbulence	[tɜ:rbjələns]	격동
landing	[lændɪŋ]	착륙	experiencing	[ɪklspɪriəning]	경험하고 있는
announce	[əlnaʊns]	알리다	turbulence	[tɜ:bjələns]	난기류
have to	[həv;əv tu]	해야 한다	return	[rɪltɜ:n]	돌려내다
close	[kləʊs]	종료하다	would like	[wʊd laɪk]	~하고 싶은
inform	[ɪnlfɔ:m]	알리다			

In-flight Sales

단어	발음	뜻	단어	발음	뜻
appreciated	[əlpriːʃieɪted]	필요 / 감사하다	manager	[mænɪdʒə(r)]	경영자
understanding	[ʌndəlstændɪŋ]	(상황에 대한) 이해	assistance	[əlsɪstəns]	도움
in-flight	[ɪn [flaɪt]	기내	begin	[bɪlgɪn]	시작하다
sales	[séilz]	판매	shopping	[ʃɑːpɪŋ]	쇼핑
started	[stɑːrted]	시작하다	magazine	[mægəziːn]	잡지
contact	[kɒntækt]	연락하다	international	[ɪntərlnæʃnəl]	국제적인
cabin	[kæbɪn]	객실	tamper-evident	[tǽmpər-evɪdənt]	손댄 흔적이 분명한
crew	[kruː]	승무원	receipts	[rɪlsiːt]	영수증
purchasing	[pɜːtʃəsɪŋ]	구매	countries	[kʌntri]	국가, 나라
liquor	[lɪkə(r)]	술	transit	[trænzɪt]	수송
information	[ɪnfəlmeɪʃn]	정보	Passengers	[pæsɪndʒə(r)]	승객들
assistance	[əlsɪstəns]	도움	transferring	[trænsfɜː(r)]	(장소를) 옮기다 / 경유하다
purchase	[pɜːrtʃəs]	구입	remind	[rɪlmaɪnd]	상기시키다, 다시 한 번 알려주다
items	[aɪtəmz]	물품	purchase	[pɜːtʃəs]	구입
order	[ɔːdə(r)]	다른	during	[djʊərɪŋ]	~하는 동안
return	[rɪltɜːn]	되돌아오는	sales	[séilz]	판매
flight	[flaɪt]	비행	preparation	[prepəlreɪʃn]	준비 중

Arrival Information : Korea / USA / Guam

단어	발음	뜻	단어	발음	뜻
carrying	[kǽriiŋ]	운송	declare	[dɪˈkler]	선언하다
foreign	[fɔ:rən]	외국의	enter	[entə(r)]	들어가다
currency	[k3:rənsi]	통화	entry	[entri]	입장
US	[ju:ˈes]	미국	document	[dɑ:kjumənt]	서류
dollar	[dɑ:ˈlə(r)]	달러	ready	[redi]	준비가 된
ready	[redi]	준비가 된	assistance	[əˈsɪstəns]	도움
acquired	[əkwáiərd]	획득한	required	[rikwáiərd]	요구된
US	[ju:ˈes]	미국	fill	[fɪl]	채우다
customs	[ʌstəmz]	세관	out	[aʊt]	속속들이
carry-on	[kæriɔ:n]	휴대용 가방	arrival	[əˈraɪvl]	도착
cooperation	[koʊˈɑ:pəˈreɪʃn]	협력	card	[kɑ:rd]	카드
collect	[kəˈlekt]	모으다	recommend	[rekəˈmend]	추천하다
headphones	[hedfoʊnz]	헤드폰	complete	[kəmˈpli:t]	완성하다
magazine	[mægəzi:n]	잡지	document	[dɑ:kjumənt]	문서
entering	[entərɪŋ]	들어가다	leave	[li:v]	떠나다
Korea	[kərí:ə]	대한민국	airplane	[ɛ́ərplèin]	비행기
dollar	[dɑ:ˈlə(r)]	달러	remind	[rɪˈmaɪnd]	상기하다
requested	[rɪˈkwestid]	요청된	according to	[əˈkɔ:rdɪŋtə]	~에 따라
entry	[entri]	입장	government	[gʌvərnmənt]	정부
document	[dɑ:kjumənt]	서류	regulations	[regjuˈleɪʃn]	규정
airport	[erpɔ:rt]	공항	lighters	[laɪtə(r)]	라이터
worth	[w3:rθ]	~의 가치가 있는	matches	[matʃ]	성냥
articles	[ɑ:rtɪkls]	규약	liquid	[lɪkwɪd]	액체의
abroad	[əˈbrɔ:d]	해외로	including	[ɪnˈklu:dɪŋ]	~을 포함하여

Arrival Information : China

단어	발음	뜻	단어	발음	뜻
required	[rikwáiərd]	요구된	citizens	[sɪtɪzn]	시민
fill	[fɪl]	채우다	residents	[rezɪdənt]	거주자
out	[aʊt]	속속들이	customs	[kʌstəm]	관습
arrival	[əlraɪvl]	도착	family	[fæməli]	가족
card	[kɑ:rd]	카드	ship	[ʃɪp]	배
recommend	[rekəlmend]	추천하다	prevent	[prɪlvent]	막다
complete	[kəmlpli:t]	완성하다	prohibited	[prəlhɪbɪt]	금하고 있는
document	[dɑ:kjumənt]	문서	kind of plant	[kaɪndʌv plɑ:nt]	식물의 종류
leave	[li:v]	떠나다	marine	[məlri:n]	바다의
airplane	[ɛ́ərplèin]	비행기	product	[prɑ:dʌkt]	상품
remind	[rɪlmaɪnd]	상기하다	health	[helΘ]	건강
according to	[əlkɔ:rdɪŋtə]	~에 따라	questionnaire	[kwestʃəlner]	설문지
government	[gʌvərnmənt]	정부	cholera	[kɑ:lərə]	콜레라
regulations	[regjulleɪʃn]	규정	diarrhea	[dàiəríːə]	설사
lighters	[laɪtə(r)]	라이터	vomiting	[vάmitiŋ]	구토
matches	[matʃ]	성냥	stomach	[stʌmək]	복통
liquid	[lɪkwɪd]	액체의	pain	[peɪn]	고통
including	[ɪnlklu:dɪŋ]	~을 포함하여	fever	[fi:və(r)]	열
alcoholic	[ælkəlhɔ:lɪk-lhɑ:l-]	술의	engaged	[ɪnlgeɪdʒd]	바쁜
beverage	[bevərɪdʒ]	음료수	livestock	[laɪvstɑ:k]	가축
declaration	[dekləlreɪʃn]	선언, 공표	industry	[ɪndəstri]	산업
claiming	[kleɪm]	주장	submit	[səblmɪt]	제출하다

Transit Procedure

단어	발음	뜻	단어	발음	뜻
take	[teɪk]	가지고 가다	scheduled	[skedʒu:l]	일정
belonging	[bilɔ́:ŋiŋ,-láŋ-]	소지품	departure	[dɪ|pɑ:rtʃə(r)]	출발
start	[stɑ:rt]	시작하다	including	[ɪn|klu:dɪŋ]	~을 포함하여
continuing	[kəntínju:iŋ]	연속적인	boarding	[bɔ:rdɪŋ]	탑승
listen	[lɪsn]	듣다	collect	[kə|lekt]	수집하다
boarding	[bɔ:rdɪŋ]	탑승	a transit card	[ə; |trænzɪt;|trænsɪt kɑ:rd]	통과카드
announcement	[ə|naʊnsmənt]	방송으로 알리다	then	[ðen]	그 다음에
area	[eriə]	구역	proceed	[proʊ|si:d]	진행하다

Landing

단어	발음	뜻	단어	발음	뜻
landing	[lændɪŋ]	착륙	step-car	[step kɑ:(r)]	계단식 차량
shortly	[ʃɔ:rtli]	얼마 안 되어	terminal	[t3:rmɪnl]	공항터미널
tray	[treɪ]	쟁반	watch	[wɑ:tʃ;wɔ:tʃ]	보다
table	[teɪbl]	식탁, 테이블	passport	[pæspɔ:rt]	여권
upright	[ʌpraɪt]	똑바른	immigration	[ɪmɪlgreɪʃn]	이민
position	[pə|zɪʃn]	위치	good-bye	[gʊd|baɪ]	헤어질 때 인사
discontinue	[dɪskən|tɪnju:]	중단하다	entertainment	[entər|teɪnmənt]	오락
electronic	[ɪ|lek|trɑ:nɪk]	전자의	program	[proʊgræm]	프로그램
devices	[dɪ|vaɪs]	장치	collect	[kə|lekt]	수집하다
turned off	[tə́:rndɔ́:f]	끄다	headphones	[hed-fòun]	헤드폰
sign	[saɪn]	신호 표시	pocket	[pɑ:kɪt]	주머니
pocket	[pɑ:kɪt]	주머니	meal	[mi:l]	식사
stay	[steɪ]	머물다	Domestic	[də|mestɪk]	국내의
back	[bæk]	뒤쪽	applicable	[ə|plɪkəbl]	해당되는
leg	[leg]	다리	taking	[téikiŋ]	이르게 하다
rest	[rest]	휴식	photographs	[foʊtəgræf]	사진
open	[oʊpən]	열려 있는	electronic	[ɪ|lek|trɑ:nɪk]	전자의
window	[wɪndoʊ]	창문	devices	[dɪ|vaɪs]	장치들
shade	[ʃeɪd]	그늘	deplane	[di:|pleɪn]	비행기에서 내리다
necessary	[nesəseri]	필요한	stop	[stɑ:p]	멈추다
video	[vɪdioʊ]	비디오	drink	[drɪŋk]	마시다
monitor	[mɑ:nɪtə(r)]	모니터	service	[s3:rvɪs]	서비스
handset	[hændset]	송수화기	Unable	[ʌn|eɪbl]	할 수 없는
bags	[bæg]	가방	serve	[s3:rv]	제공하다
Cell phones	[selfoʊn]	휴대폰	because of	[bɪ|kɔ:z ʌv]	~때문에
flight mode	[fláit moʊd]	비행기모드			

Transit Gate Information

단어	발음	뜻	단어	발음	뜻
arriving	[əˈraɪv]	도착하다	next	[nekst]	다음
gate	[geɪt]	출입구	flight	[flaɪt]	비행
number	[nʌmbə(r)]	숫자	further	[f3:rðə(r)]	더 나아가
international	[ɪntərˈnæʃnəl]	국제적인	information	[ɪnfərˈmeɪʃn]	정보
provide	[prəˈvaɪd]	제공하다	please	[pli:z]	부디
connecting	[kəˈnekt]	연결하는	contact	[kɑ:ntækt]	연락

Farewell

단어	발음	뜻	단어	발음	뜻
choosing	[tʃu:ziŋ]	선택하다	airport	[erpɔ:rt]	공항
remember	[rɪ|membə(r)]	기억하다	month	[mʌnθ]	달
alliance	[əllaɪəns]	연합	date	[deɪt]	날짜
landed	[lændɪd]	착륙	remain	[rɪ|meɪn]	남다
international	[ɪntər|næʃnəl]	국제적인	seated	[sí:tid]	좌석
local	[loʊkl]	지역의	mobile	[moʊbl]	이동하는
time	[taɪm]	시간	phones	[foʊn]	전화기
switched	[swɪtʃ]	스위치			

취항지 공항 명칭

	미 주	
ATL	애틀랜타 ATLANTA	하츠필드 잭슨 애틀랜타 국제공항 Hartsfield-Jackson Atlanta international airport
DFW	댈러스 DALLAS	포트월스 국제공항 FORT WORTH international airport
GUM	괌 GUAM	앤토니오 B. 원 팻 국제공항 Antonio B. Won Pat international airport
HNL	호놀룰루 HONOLULU	대니엘 K. 이노우에 국제공항 Daniel K. Inouye international airport
IAD	워싱턴 디시 WASHINGTON D.C	덜레스 국제공항 DULLES international airport
JFK	뉴욕 NEW YORK	존 에프 케네디 국제공항 JOHN F. KENNEDY international airport
LAS	라스베이거스 LAS VEGAS	매캐런 국제공항 MCCARRAN international airport
LAX	로스앤젤레스 LOS ANGELES	로스앤젤레스 국제공항 LOS ANGELES international airport
SFO	샌프란시스코 SANFRANCISCO	샌프란시스코 국제공항 SANFRANCISCO international airport
SEA	시애틀 SEATTLE	시애틀 타코마 국제공항 SEATTLE TACOMA international airport
ORD	시카고 CHICAGO	오해어 국제공항 O' HARE international airport
EWR	뉴어크 NEWARK	뉴어크 리버티 국제공항 Newark Liberty international airport

DEN	덴버 DENVER	덴버 국제공항 DENVER international airport
BOS	보스턴 BOSTON	로간 국제공항 LOGAN international airport
ANC	앵커리지 ANCHORAGE	테드 스티븐스 TED STEVENS international airport
SPN	사이판 SAIPAN	사이판 국제공항 SAIPAN international airport

캐 나 다		
YVR	밴쿠버 VANCOUVER	밴쿠버 국제공항 VANCOUVER international airport
YYZ	토론토 TORONTO	레스터 비 피어슨 국제공항 LESTER B. PEARSON international airport

브 라 질		
GRU	상파울루 SAO PAULO	과룰류스 국제공항 GUARULHOS international airport

유 럽		
CDG	파리 PARIS	샤를 드골 국제공항 CHARLES DE GAULLE international airport
FCO	로마 ROME	피우미치노 국제공항 FIUMICINO international airport
LGW	런던 LONDON	개트윅 국제공항 GATWICK international airport
LHR	런던 LONDON	히드로 국제공항 HEATHROW international airport
AMS	암스테르담 AMSTERDAM	스키폴 국제공항 SCHIPHOL international airport
FRA	프랑크푸르트 FRANKFURT	프랑크푸르트 암 마인 국제공항 FRANKFURT international airport
MAD	마드리드 MADRID	바라하스 국제공항 BARAJAS international airport
PRG	프라하 PRAGUE	바츨라프 하벨 국제공항 Václav Havel airport prague
VIE	비엔나 VIENNA	비엔나 국제공항 VIENNA international airport
ZRH	취리히 ZURICH	취리히 국제공항 ZURICH international airport
IST	이스탄불 ISTANBUL	아타튀르크 국제공항 ATATURUK international airport
CAI	카이로 CAIRO	카이로 국제공항 CAIRO international airport
LED	상트페테르부르크 ST. PETERSBURG	풀코보 국제공항 PULKOVO international airport
SVO	모스크바 MOSCOW	셰레메티예보 국제공항 SHEREMETYEVO international airport
VVO	블라디보스토크 VLADIVOSTOK	블라디보스토크 국제공항 VLADIVOSTOK international airport
UUS	유즈노사할린스크 YUZHNO-SAKHALINSK	유즈노사할린스크 국제공항 YUZHNO-SAKHALINSK international airport
MXP	밀라노 MILANO	말펜사 국제공항 MALPENSA international airport
AMS	암스테르담 AMSTERDAM	스키폴 국제공항 SCHIPHOL international airport
IKT	이르쿠츠크 IRKUTSK	이르쿠츠크 국제공항 IRKUTSK international airport

TAS	타슈켄트 TASHKENT	타슈켄트 국제공항 TASHKENT international airport
MAD	마드리드 MADRID	아돌포 수아레스 마드리드 바라하스 국제공항 Aeropuerto Adolfo Suárez Madrid–Barajas international airport

중 국		
CAN	광저우 GUANGZHOU	바이윈 국제공항 BAI YUN international airport
CGO	정저우 ZHENGZHOU	정저우 신정 국제공항 Zhengzhou Xinzheng international airport
CSX	창사 CHANGSHA	창사 황화 국제공항 Changsha Huanghua international airport
CTU	청두 CHENGDU	청두 쌍류 국제공항 CHENGDU SHUANGLIU international airport
DLC	다롄 DALIAN	저우수이쯔 국제공항 ZHOUSHUIZI international airport
KMG	쿤밍 KUNMING	창쉐이 국제공항 CHANGSHUI international airport
PEK	베이징 BEIJING	베이징 수도 국제공항 CAPITAL international airport
PVG	상하이 SHANGHAI	푸동 국제공항 PUDONG international airport
SHA	상하이 SHANGHAI	홍차오 국제공항 HONGGIAO international airport
SHE	선양 SHENYANG	타오셴 국제공항 TAOXIAN international airport
SYX	싼야 SANYA	펑황 국제공항 FENGHUANG international airport
SZX	선전 SHENZHEN	바오안 국제공항 BAOAN international airport
TAO	칭다오 QINGDAO	류팅 국제공항 LIUTING international airport
TNA	지난 JINAN	야오창 국제공항 YAOQIANG international airport
TSN	톈진 TIANJIN	빈하이 국제공항 BINHAI international airport
WEH	웨이하이 WEIHAI	다수이보 국제공항 DASHUIBO international airport
WUH	우한 WUHAN	톈허 국제공항 TIANHE international airport
XIY	시안 XIAN	사언 셴양 국제공항 XIANYANG international airport
YNJ	옌지 YANJI	옌지 차오양촨 국제공항 YANJI CHAOYANGCHUAN international airport
CKG	충칭 CHONGQING	충칭 장베이 국제공항 CHONGQING JIANGBEI international airport

CGQ	창춘 CHANGCHUN	창춘 룽자 국제공항 CHANGCHUN LONGJIA international airport
CSX	창사 CHANGSHA	창사 황화 국제공항 CHANGSHA HUANGHUA international airport
KWL	구이린 GUILIN	구이린 량장 국제공항 GUILIN LIANGJIANG international airport
HGH	항저우 HANGZHOU	항저우 샤오산 국제공항 HANGZHOU XIAOSHAN international airport
HRB	하얼빈 HARBIN	하얼빈 타이핑 국제공항 HARBIN TAIPING international airport
KHN	난창 NANCHANG	난창 창베이 국제공항 NANCHANG CHANGBEI international airport
NKG	난징 NANJING	난징 루커우 국제공항 NANJING LUKOU international airport
HKG	홍콩 HONGKONG	홍콩 국제공항 HONGKONG international airport
XMN	샤먼 XIAMEN	가오치 국제공항 GAOQI international airport
TXN	황산 HUANGSHAN	툰시 국제공항 TUNXI international airport
URC	우루무치 URUMQI	디워푸 국제공항 DIWOPU international airport
MDG	무단장 MUDANJIANG	하이랑 국제공항 HAILANG international airport

일 본		
AOJ	아오모리 AOMORI	아오모리 국제공항 AOMORI international airport
FSZ	시즈오카 SHIZUOKA	후지산 시즈오카 국제공항 Mt. FUJI SHIZUOKA international airport
FUK	후쿠오카 FUKUOKA	후쿠오카 국제공항 FUKUOKA international airport
HIJ	히로시마 HIROSHIMA	히로시마 국제공항 HIROSHIMA international airport
HKD	하코다테 HAKODATE	하코다테 국제공항 HAKODATE international airport
HND	도쿄 TOKYO	하네다 국제공항 HANEDA international airport
KIJ	니가타 NIGATA	니가타 국제공항 NIGATA international airport
KMQ	고마쓰 KOMATSU	고마쓰 국제공항 KOMATSU international airport
KOJ	가고시마 KAGOSHIMA	가고시마 국제공항 KAGOSHIMA international airport
NGO	나고야 NAGOYA	주부 국제공항 CHUBU CENTRAIR international airport
NGS	나가사키 NAGASAKI	나가사키 국제공항 NAGASAKI international airport
NRT	도쿄 TOKYO	나리타 국제공항 NARITA international airport
OIT	오이타 OITA	오이타 국제공항 OITA international airport
OKA	오키나와 OKINAWA	나하 국제공항 NAHA international airport
OKJ	오카야마 OKAYAMA	오카야마 국제공항 OKAYAMA international airport
SDJ	센다이 SENDAI	센다이 국제공항 SENDAI international airport
HIJ	히로시마 HIROSHIMA	히로시마 국제공항 HIROSHIMA international airport
MYJ	마쓰야마 MATSUYAMA	마쓰야마 국제공항 MATSUYAMA international airport
TAK	다카마쓰 TAKAMATSU	다카마쓰 국제공항 TAKAMATSU international airport

FKS	후쿠시마 FUKUSHIMA	후쿠시마 국제공항 FUKUSHIMA international airport
KMJ	구마모토 KUMAMOTO	구마모토 국제공항 KUMAMOTO international airport
CTS	삿포로 SAPPORO	신 치토세 국제공항 NEW CHITOSE international airport
AXT	아키타 AKITA	아키타 국제공항 AKITA international airport
KIX	오사카 OSAKA	간사이 국제공항 KANSAI international airport

아 시 아		
BKK	방콕 BANGKOK	수완나품 국제공항 SUVARNABHUMI international airport
AKI	코타키나발루 KOTA KINABALU	코타키나발루 국제공항 KOTA KINABALU international airport
CEB	세부 CEBU	막탄 세부 국제공항 MACTAN CEBU international airport
HAN	하노이 HANOI	노이바이 국제공항 NOI BAI international airport
HKT	푸껫 PHUKET	푸껫 국제공항 PHUKET international airport
MNL	마닐라 MANILA	니노이 아키노 국제공항 NINOY AQUINO international airport
PNH	프놈펜 PHNUM PENH	프놈펜 국제공항 PHNUM PENH international airport
SGN	호찌민 HOCHIMINH	떤선녓 국제공항 TANSONNHAT international airport
SIN	싱가포르 SINGAPORE	창이 국제공항 CHANGI international airport
TPE	타이베이 TAIPEI	타이완 타오이완 국제공항 TAIWAN TAOYUAN international airport
ULN	울란바토르 ULAANBAATAR	칭기즈칸 국제공항 CHINGGIS KHAAN international airport
DEL	델리 DELHI	인디라 간디 국제공항 INDIRA GANDHI international airport
KHV	하바롭스크 KHABAROVSK	하바롭스크 국제공항 KHABAROVSK NOVY international airport
CNX	치앙마이 CHIANGMAI	치앙마이 국제공항 CHIANGMAI international airport
REP	시엠립 SIEM REAP	시엠립 국제공항 SIEM REAP international airport
BOM	뭄바이 MUMBAI	차트라파티 시바지 국제공항 CHHATRAPATI SHIVAJI international airport
CGK	자카르타 JAKARTA	수카르노 하타 국제공항 SOEKARNO HATTA international airport
DPS	덴파사르 발리 DENPASAR BALI	응우라이 국제공항 NGURAH RAI international airport
KUL	쿠알라룸푸르 KUALA LUMPUR	쿠알라룸푸르 국제공항 KUALA LUMPUR international airport

KTM	카트만두 KATHMANDU	트리부반 국제공항 TRIBHUVAN international airport
NAN	난디 NADI	난디 국제공항 NADI international airport
REP	시엠레아프 SIEM REAP	시엠레아프 국제공항 SIEM REAP international airport
CRK	앙겔레스 ANGELES	디오스다도 마카파갈 국제공항 DIOSDADO MACAPAGAL international airport
UTP	파타야 PATTAYA	우타파오 국제공항 U-TAPAO international airport
TLV	텔 아비브 TEL AVIV	벤 구리온 국제공항 BEN GURION international airport
BAH	바레인 BAHRAIN	바레인 국제공항 BAHRAIN international airport
RGN	양곤 YANGON	양곤 국제공항 YANGON international airport
PEN	페낭 PENANG	페낭 국제공항 PENANG international airport
CMB	콜롬보 COLOMBO	콜롬보 국제공항 COLOMBO international airport

오세아니아		
SYD	시드니 SYDNEY	킹스포드스미스 국제공항 KINGSFORDSMITH international airport
MEL	멜버른 MELBOURNE	멜버른 국제공항 MELBOURNE international airport
BNE	브리즈번 BRISBANE	브리즈번 국제공항 BRISBANE international airport
AKL	오클랜드 AUCKLAND	오클랜드 국제공항 AUCKLAND international airport
ALA	알마티 ALMATY	알마티 국제공항 ALMATY international airport
CHC	크라이스트처치 CHRISTCHURCH	크라이스트처치 국제공항 CHRISTCHURCH international airport
CNS	케언스 CAIRNS	케언스 국제공항 CAIRNS international airport

중동, 아프리카		
TLV	텔 아비브 TEL AVIV	벤 구리온 국제공항 BEN GURION international airport
DXB	두바이 DUBAI	두바이 국제공항 DUBAI international airport
NBO	나이로비 NAIROBI	조모 케냐타 국제공항 JOMO KENYATTA international airport
KWI	도하 DOHA	하마드 국제공항 Doha Hamad International Airport

참고문헌

박혜정, 서비스맨의 이미지메이킹, 백산출판사, 2009.

박혜정, 항공객실업무, 백산출판사, 2010.

우지은, 목소리 누구나 바꿀 수 있다, 위즈덤하우스, 2009.

우지은, 30일 완성 목소리 트레이닝, 위즈덤하우스, 2010.

전상범, 영어음성학개론, 을유문화사, 2006.

KBS 한국어연구회 편, 아나운서 방송인 되기, 한국방송출판, 2009.

대한항공 IN-FLIGHT ANNOUNCEMENT.

아시아나항공 CABIN ANNOUNCEMENT.

Celce-Murcia, M., Donna M. B., & Janet M. G., Teaching Pronunciation in *A Reference for Teachers of English to Speakers of Other Language*, Cambridge University Press, 1996.

Celce-Murcia, M., *Teaching English as a Second Language*, Heinle & Heinle, 2001.

Larry H. Small, Fundamentals of Phonerics in *A Practical Guide for Students with Audio CD(3rd Edition)*, Allyn & Bacon Communication Science and Disorders, 2011.

저자소개

박혜정 대한항공 근무
수원과학대학교 항공관광과 교수

한향숙 대한항공 근무
경인여자대학교 항공서비스학과 교수

백유진 영어영문학 박사
경운대학교 항공관광서비스학과 교수

녹음 : **백유진**

항공서비스시리즈 8

기내방송 1·2·3

2014년 10월 25일 초 판 1쇄 발행
2023년 3월 5일 개정판 1쇄 발행

지은이 박혜정 · 한향숙 · 백유진
펴낸이 진욱상
펴낸곳 백산출판사
교 정 성인숙
본문디자인 이문희
표지디자인 오정은

저자와의 합의하에 인지첩부 생략

등 록 1974년 1월 9일 제406-1974-000001호
주 소 경기도 파주시 회동길 370(백산빌딩 3층)
전 화 02-914-1621(代)
팩 스 031-955-9911
이메일 edit@ibaeksan.kr
홈페이지 www.ibaeksan.kr

ISBN 979-11-6639-318-1 93980
값 17,000원